THE CONSIDERATIONS
REQUIRED
OF LEADERS

CROSSMEDIA PUBLISHING

リーダーの気くばり

柴田励司
REIJI SHIBATA

はじめに

ＡＩと仕事をする時代になりました。〝そういう未来がくる〟と10年前に語っていたことが現実となったのです。事業のあり方、仕事の進め方に革命的な変化が生じるでしょう。まず、優秀な人材の定義が変わります。情報処理力や問題解決力ではなく、問いをつくる力、課題構想力が求められるようになります。当然ながらリーダーに求められる要件も変わってきます。従来以上に人間ならではの魅力が問われるようになるはずです。

15年ほど前に３００人の素晴らしいリーダーたちの、その〝素晴らしさ〟の秘訣について分析しました。拙著『39歳までに組織のリーダーになる』（かんき出版）、『組織を伸ばす人、潰す人』（ＰＨＰ研究所）、『優秀なプレーヤーは、なぜ優秀なマネージャーになれないのか？』（クロスメディア・パブリッシング）等の中で解説してきました。

優れたリーダーは、

「あの人と一緒に働きたい！」　と思われている。

これがその秘訣でした。仕事ができることはもちろんですが、それだけではありません。周囲の人たちに「あの人は自分のことをわかってくれる」と思わせる人間性が評価されていました。

私はこれまで「社長」的な仕事を約20年やってきました。外資系コンサルの日本法人の社長、破綻した会社の再建社長、業態の構造変化が求められていたオーナー企業のCOO、上場廃止寸前企業のCEO、そして創業したインディゴブルーの社長（現在は代表取締役）。それぞれ異なる環境でしたが、常にこの素晴らしいリーダーたちの行動から学んだことを真似し、少しでも近づこうとしてきました。

かつて分析した優れたリーダーたちの多くが現役の役職を退かれましたが、その方々はいまでも多くの仲間たちとのつながりを継続しています。もはや肩書きはありませんし上下関係も営業上のつながりもありません。みなさん、ひとりの私人です。

ところが、その私人を慕う人が増えている印象です。もはや仕事ができるという文脈はありません。ただ、

「この人と一緒にいたい！」

と思われているのです。彼らは、実に幸せそうです。私もそんな人になりたいと思いました。

この人たちのことを、あらためて分析して気づきました。人が集まってくる、その人間的な魅力には秘訣がありました。

それは**「気くばり」**です。

その人と一緒にいてストレスがありません。それだけではありません。
自分の可能性を高めてもらえます。
自分の時間、お金、信用が奪われることはもちろんありません。
自分のことを大事にしてくれている感じがします。
何か見返りを求めた気くばりでもありません。
無理もしていません。
きわめて自然な気くばりです。

おそらく、喜んでもらえるのが単純にうれしいのでしょう。
喜んでもらうための気くばり。
それが「この人と一緒にいたい！」と思わせる魅力なのです。

これまで「気くばり」についての書籍がたくさん出版されていますが、ＡＩ時代だからこそ「気くばり」について、あらためて訴えたいと思いました。
人の気持ちを汲み取ることが苦手なＡＩに気くばりはできません。優れたリーダーとして慕われる最大の要素、それが「気くばり」です。

本著をまとめるにあたり、優れたリーダーたちの気くばりを私自身の経験も踏まえ、習得可能なスキルとして身につけていただけるよう意識しました。

この本を手にとっていただいたみなさまへの感謝を込めて。

目次

CHAPTER 1 マネジメントは気くばりである

CHAPTER 2

気くばりに必要なスキル

部下編

上司編

自分編

ブックデザイン　都井美穂子
編集協力　森田剛
本文イラスト　コーヒー豆

THE CONSIDERATIONS
REQUIRED
OF LEADERS

CHAPTER 1
マネジメントは気くばりである

よきリーダーとは何か。

こうした議論は、これまでたくさんの本でなされてきました。

責任感がある人、目標に妥協しない人、決断ができる人……。

ここでは、あえて「よきリーダーとは気くばりができる人」と言い切ります。

なぜ、いまリーダーに気くばりが必須なのでしょうか。

CHAPTER 1では、リーダーシップと気くばりの関係について詳しく掘り下げていきます。

マネジメントはメンバーが最高の状態で働けるようにすること

優れたリーダーは自分のことは横に置き、チームを元気にすることを考えています。周りへの気くばりから仕事を始めます。

私がよく例に出す気くばりの話をしましょう。

朝、オフィスに入ってきたとき、リーダーは自分の仕事をさっさと始めるのではなく、いろんな人の顔を見たり、声をかけたりしながら周りのエネルギーを着火していきます。**無理にその場を盛り上げていこうというのではなく、あくまでも、その場の状況を把握して、相手を見て声をかけるのです。**これはオンラインミーティングでも同じです。画面越しに映る表情を見て声かけをします。

メンバーが最高の状態で働けるようにする。これはリーダーの役目ですが、このためには、周りのメンバーから「この人と一緒に働きたい」と思われることが必要条件となります。

そう思われるための要素が2つあります。

1つは「この人みたいに仕事ができるようになりたい」という仕事上の尊敬を持たれること、もう1つは、「この人は自分を受け入れてくれている」という安心感を持たれることです。

AI時代には後者が特に重要です。「自分を受け入れてくれている」と感じてもらうには、その人の失敗も成功も全部受け入れます。私はこの状態を「**開いている**」と称しています。自分のほうが上であるとして威圧的に接したり、説き伏せたり、相手に心のうちを読ませないようにしようと自分の心に鎧を着せていてはいけません。

まずは自分を開くこと。ここが気くばりをするための原点になります。

遠心力型のマネジメントの時代

私は、マネジメントのスタイルには大きく分けて2つあると考えています。

求心力型と遠心力型です。

求心力型は、上から下への指示命令、上が自分のやってもらいたいこと、指示したことを部下に実行してもらうマネジメントです。長らくこのスタイルが主流でした。

遠心力型は、顧客との接点に最も近い人たちが、思う存分仕事ができるように環境を整えていくマネジメントです。これからは遠心力型が主流となるでしょう。

会社で決めたことをしっかり実行していくことが、会社としての事業の成功と長らく考えられてきました。ところが、これは市場がさほど変わらない、その会社の事業を取り巻く環境も大きくは変わらないということが前提でした。あまり変化のない環境では、その仕事を長くやってきた人の経験に基づく判断が間違いありません。その会社の事業の経験が豊富な人の指揮命令に基づく運営（求心力型）でいくのが当然でした。

しかし、その当然が、20年ほど前から当然でなくなっています。1995年のインターネットの解禁によって世の中に情報が溢れ、そこからいろいろなリクエストが出てくるようになりました。市場は生き物のように変化し進化しています。いままでのように会社の会議室で過去の成功者たちが「ああだ、こうだ」と、事業方針を話していく時代ではなくなりました。この20年は移行期であったとも言えますが、ＡＩの台頭により移行期は完全に終わりました。

事業の根幹や方針を決めていくのは**会社の会議室ではなく、顧客接点に最も近いところ**です。顧客接点に最も近いところで考え、トライして、その成功体験、失敗体験を組織内で共有する。ＰＤＣＡの権限を実行責任を持つ現場に移していくことが必要です。それがうまく回るようなマネジメントにしていかないと、会社は世の中の変化についていけなくなります。

この遠心力型マネジメントを成功させるリーダーに必要なこと。それが気くばりです。

前項でもお話ししましたが、**マネジメントとはメンバーが最高の状態で働けるようにすること**、です。しかし、百人百様で、いろいろな性格の人、いろいろな想いを持った人がいます。その中でそれぞれの現場でそれぞれの人が働きやすい環境をつくっていくわけですから、それ相当の気くばりが必要です。

ひと昔前のような、「四の五の言わずに俺の言うことに従え」といったやり方は、いまではハラスメントになってしまいます。いまや中高生の部活の先輩後輩の間柄も変わりました。これから社会に出てくる若い人たちに活躍してもらうためにもリーダーには気くばりが必要です。

気くばり上手な人には人が集まってくる

「文句を言わず言われたことをやれ」という求心型のマネジメントだと、言われたほうは、自分の想いや意思を殺すことになります。遠心型のマネジメントの下で気くばりがなされていると、各人が思ったことを発言し、自分の軸をもって仕事をしていけます。快適です。変なストレスはありません。

これは仕事のうえだけではなく普通の人間関係の付き合いの中でも同じです。

気くばりができるリーダーのもとには、「あの人の周りにいるといいよね、楽だよね」と人が集まってきます。

かつての私の上司にそういう方がいます。大滝令嗣《おおたきれいじ》さんです。大滝さんは千葉県の南房総で南総学舎という学びの場を運営していらっしゃいます。そこには地元の樵《きこり》さんとか漁師さんとかいろんな人が集まってきます。大滝さんは、カリフォルニア大学電子工学科博士課程修了の工学博士で、2023年現在、早稲田大学 大学院 経営管理研究科の教授も務められている、とても偉い方なのですが、そういうことを表に出しません。肩の力を抜いて気くばりをしてくださいます。誰もが大滝さんの前では、自分のままでいられるのです。それに惹かれて大滝さんのところには人が集まってきます。私もそのひとりです。

気くばりの中にも自然体でいられる気くばりと、そうでない気くばりがあります。明らかに自分に気を遣ってくれているなと感じる気くばりだと、受け取る側は構えてしまいます。気疲れしてしまうのです。それに対して自然体でいられる気くばりにはそういった構えがなく、気がつくと自分のことをたくさん話してしまい、とてもリラックスした気分になれます。それが自然体の気くばりです。

自然体の気くばりができる域に達するのはそう簡単でもありません。最初のうちは一生懸命考えたり悩んだりするはずです。大滝さんにもそういう時期があったと思いますが、いまはそうした苦労をまったく感じさせません。その姿は、私の目指すべき姿のひとつです。

この人の気くばりはいいなと思った人の真似をする。その段階は意図してやっているので自然とは言えませんが、だんだん自然にやれるようになってくるはずです。

意識して自然体の気くばりを始めないと、いつになっても自然体にはなれません。苦労なく自然体になれる人もいるかもしれませんが、そんな人は例外、ごくわずかです。

相手が期待することを予見する

最近、ホスピタリティという言葉をいろいろなところで、耳にするようになりました。お客さまと直接接することの多い飲食業界や、私がかつて勤めていたホテル業界において「おもてなし」の意味で使われることが多いようです。

私は、ホスピタリティは、**相手が期待することを予見して、あらかじめ考えて動くこと**だと定義しています。

ホテルのレストランなどで、ずっとワインを飲んでいらっしゃるお客さんがいたら（そろそろお口の中をリフレッシュされたいのではないかと）お客さんの所作・しぐさから判断して、言われる前にお水を出す。最近は少なくなってきていますが、メイン料理のあとにそろそろ爪楊枝が欲しいタイミングではないかと判断して爪楊枝をお出しする。こういったことが、ホスピタリティとして語られることが多いのですが、実はこれはサービス業に限ったことではなく、ビジネスの世界でも一般の生活の中でもごく普通にあることだと思います。

何かやってほしいことがあったりすると、こちらから何も言わずともやってくれる人がいます。「あの人は気が利くな……」、そんなふうに思う人があなたの周りに1人や2人いるでしょう。仲間にそういう気が利く人がいたら助かりますし、あなたがそうなれたら、仲間や上司からの評価、評判が上がります。何よりそういう人がいるチームは元気で、パフォーマンスもいいはずです。

気が利くということは相手の気持ちを考えた気くばりです。ＡＩは言わないと気を利かせることができません。気くばりが上手にできるということはまさにホスピタリティを体現していることにほかなりません。

誰もが簡単にこのホスピタリティを身につけられるかといえば、そうとは言えません。生まれながらこのスキルを持っている人は、ごくわずかでしょう。やはりこれも最初は、「こうしよう」と意識してやることです。だんだん自然にできるようになります。

相手に感度を合わせる

実際に意識的に気くばりをするとはどういうことなのでしょうか？

目の前にいる人がどういう感情でいるのか、を推し量る。これに尽きると思います。

相手が何をしたいと思っているのか？　どう感じているのか？　**相手の感覚に自分の感**

度を合わせます。 ＡＩが苦手とする共感そのものです。

相手の言葉だけでなく、その人が発している言葉以外の所作や表情からその人の感情を察します。このためのアンテナは、誰もが持っています。

誰かが鼻歌を歌う前に、その曲名がわかる。そんな経験がありませんか。その場で、その歌の名前を相手に告げる時間的余裕はありませんが、歌を聞いて、「やっぱり！」と思うことがありますよね。ほかにも、電車の中でも街を歩いていても、誰かの視線を感じて、ぱっと見たらその人と目が合った経験がありませんか。

この「《感じる》という感度」みたいなものは誰もが持っています。

人は周りから評価されたい、よく見られたいと思いがちです。そうすると緊張します。緊張してしまうと、自分の目の前の相手にだけ意識が集中しますから、《感じる》感度が落ちます。自分自身が自然体でいれば、相手の感覚や感情に気づくことができます。

自然体でいると自分自身が開きます。

自分と相手を開くコツ

自分を開いた状態にしておくためには気持ちを切り替えるコツが役に立ちます。大事な面談のときに緊張してしまって何から話していいかわからない、というようなことがありますよね。緊張すると自分が閉じて、意識の感度が落ちます。

私がマーサーというコンサルティング会社の社長になったとき、「自分はグローバルに展開する外資系コンサルの社長なんだ」というような自己暗示をかけて、あえて難しい話をするようなことをしていました。ひとえに若輩者として舐められたくないという想いからです。当時はその手段しかなかったわけですが、いまから考えるとこのやり方はいい方策だったとは思っていません。自然体の逆のやり方です。むしろ鎧をまとうやり方でした。

いまでは「緩むこと」が大事ではないかと思っています。

この「緩む」が自分と相手を開かせるコツです。「ふふ」という微笑を演出します。何かその場が和むことをひと言発するのです。

私が社外取締役や顧問をしている会社の取締役会では、私がいろいろ発言するので、周りは、「また柴田さんに何か言われるんじゃないか」と、緊張しているわけです。それはわかります。そこでその場や参加者が緊張しないように、話の初めにはその場が和むようなことを話題にするようにしています。最近あったことなど、ちょっとしたジョークをまじえて話したり、家族のことやスポーツのこと、特定の参加者を〝いじったり〟します。

まずは、メンバー、周りの人を緩ませる。これにより自分を含め参加者全員が開き、自然体で議論ができるようになります。

他者への気くばりは自分に返ってくる

周囲の人を大事にする人は自分も大事にされます。ただし、自分に対する見返りを要求するための他者への気くばりは、相手にとってみると「気くばり」ではありません。「下心」です。「下心」は容易に相手に伝わります。気くばりというのはそういうものではありません。

小売り事業に関わっていたときの話です。全国に営業店舗がある会社でこんな経験をしました。そこではお互いを名前ではなく肩書で呼び合っていました。「店長」とか「主任」と。いまだにそういう会社は多いし、それでいいじゃないかという人もおられるかもしれませんが、私には違和感がありました。

そもそも名前は、その人の固有名詞ですし、その人を表すものです。名前を呼ばないということはその人に対する気くばりがゼロだと思ったのです。そこで店舗に初めて行くときには、名札を用意してもらったり、いろんな場面で名前を意識的に呼ぶようにしました。

そうこうするうちにある店舗に初めて行ったときに「歓迎！　柴田励司さん」というウェルカムボードを発見しました。それを見て「これをいつもやっているの？」と聞いたら、「柴田さんからいつも名前で呼んでいただいているので、私たちも役職じゃなくて柴田励司さんようこそ、と書いたのです」と。これは「私の意図することが伝わった」と感じて、とてもうれしかったです（柴田が紫田と書かれていたのはご愛嬌です）。

私がみんなを名前で呼んでいることをわかってくれて、こういうかたちで返してくれた。とても印象に残っているエピソードです。

その時々によって違う気くばりがある

気くばりとひと言でいってもその時々で違う気くばりがあります。

かつてCCC（カルチュア・コンビニエンス・クラブ）にいたときのこと。CCCが運営している事業のひとつにTカードというものがあります。みなさんもご利用いただいていると思います。このTカードを使った購買履歴から、その人が次に何を買いたいと思っているか推測してリコメンドするようなことをしていました。購買履歴からの利用者への「気くばり」をしようとしていたわけです。

たとえば、コンビニでしょっちゅうハンバーグ弁当を買う人がいると、この人はきっとハンバーグが好きなのだろうと、かつて利用歴がないファミレスのハンバーグクーポンを出すというようなものです。これにより、ファミレスへの誘導を図るものです。しかし、思ったようには使われませんでした。ハンバーグが好きだから、ところかまわずハンバーグを食べるのかというと、そういうものではないわけです。

機械でハンを押したかのように、AだからBですよ、みたいなアプローチの仕方は気くばりとしては有効ではないということですね。相手には気分があります。どういう状況かということもあります。まさにＡＩではできない人間ならではの判断があってこその気くばりです。

Give & Takeではない Give & Given

Give & Takeというのは、「ギブするけどその代わりにテイクするよ」つまり、交換条件みたいなものです。これに対してGive & Givenというのは、「ギブしていくとそのうちギブンされるよ」というニュアンス。つまり、気くばりをしていくとそのうち自分に返ってくるという意味です。

〝そのうち〟というのがポイントになります。

すぐ返ってくるのもあるし、ものすごく時間がかかってから返ってくるケースもあります。ただ自分の人生という、長いスパンで考えれば、必ず返ってくる(ギブンされる)ものです。61年人生をやっていてそう思います。

Give & Givenを「貸し借り」という言葉に置き換えてしまうと、生々しい感じがしてしまうのですが、ニュアンスとしては近いと思います。返せとは言われていない「借り」は、恩義と結びついて心のどこかに残っていると思うのです。

私は38歳で外資系コンサルの社長になりました。その後もいろいろな機会を与えてくださる人が周りにたくさんいました。そのおかげでいまの私があります。私に機会を与えていただいた方々への「借り」があると思っています。

かつてNHKのクローズアップ現代で成果主義についてお話をしました。そのディレクターが、その翌年の正月の特番に呼んでくれ、その特番で私とのちにダイエーの社長になった樋口さん(現・パナソニック コネクト株式会社社長)、伊勢丹のバイヤーをやっていた藤巻さん（その後亡くなられました）、カフェグローブ・ドット・コム創業者の矢野さんの4人で対談する機会を与えてくれました。その番組で総合司会をしていた方の経済番組にも、その後声をかけていただきました。

「何かあれば柴田を呼ぼう」と、私をプロデュースしてくださったような方がいてくれたおかげでいろいろな経験ができて、いまの自分があります。この恩義（借り）をいつか返したいという想いが常にあります。

それは私に機会を与えてくれた特定の人に対するというよりも、自分が受けた恩義と同じことを、それを必要としている人に返すという形だろうと思っています。困っている人、すごい才能がありながら日が当たらない人、あるいは自分のキャリアを変えていきたいのだという人がいたら、その人を可能な限りプロデュースしています。

知人にバラエティ番組で非常に人気のあったタレントさんがいます。知り合った時点ではもう登り調子真っただ中でしたが、ある事件がもとで表舞台から姿を消します。しかし彼には場を仕切る力やトークに類まれな才能がありました。このままでは才能がもったいないと思い、何回か呼び出して話をしました。何をやっていいかわからず、途方に暮れている彼に対して、「あなたのスキルはビジネスマン向けに転用できる」と提案し、私が関係する勉強会で話してもらいました。さらに、その勉強会の内容をベースにした本も出版され、ベストセラーになっているそうです。私が受けてきた借りをちょっとだけ返したように思います。この方以外にも現在進行形で勝手ながらプロデュースをしている人が数名います。

営業は気くばり

お店は「売り場」ではなく「買い場」であるべきと私は考えています。

売ろう、売ろうと思えば思うほど、相手の買う気持ちは萎えていきます。そうではなく相手が買いたくなるような環境をつくる。買い手からすると売り場ではなく買い場のほうがいいに決まっています。**「絶対売ろう」「利益をあげてやろう」と自分に見返りを期待する行為をしていると、長い付き合いや大きな付き合いはできないと思っています。**

「あなたのためになる、あなたにほんとうに喜んでもらえる、だからご提案しているのです、おすすめしているのです」

というほうが、最終的には長く大きなお付き合いができます。

営業も気くばりです。

営業というとノルマと成果報酬が想起されます。短期的な成果をあげる手法としては有効かもしれません。高い売り上げ目標が課され、達成すると天国ですが、達成しないと地獄になるというやつです（厳しく叱責され報酬も大幅に減じられる）。このやり方は、自分の売り上げをつくるということを目的にお客さまに提案するようになりがちです。いかにお客さまからたくさんお金を取るかを考えるようになります。期待しただけの売り上げがつくれてもお客さまとの関係はそこで終わり。次はありません。中古車買い取り販売のB社で起きた事件はこの代表例だと思います。このやり方は気くばりとは異なるドライブがかかりやすいので要注意です。

これに対して「お客さまにとってほんとうにいいことを実現するために、この商品・サービスを提案しています」というスタンスであれば、お客さまがその商品・サービスに満足されれば、またあの人（店員や営業マン）に頼もう、あるいはあの会社にお願いしよう、となり、以後のお付き合いにつながっていきます。

この気くばりですが、定型のセリフがあるわけではありません。お客さまのこと相手のことをよく知らないと、気くばりはできません。口だけの気くばりもやらないよりマシですが、これでは相手に気持ちは通じません。

相手がどういう心境や感情でいるかをよく理解し、その感情の背景となっている経済的理由、諸事情を含めたすべてを知ったうえで提案する。それが相手やお客さまの何をどう解決してあげられるのか気くばりするということです。これが営業の仕事です。

気くばりは想像力

高級ホテルではお得意様には部屋にフルーツバスケットを置いたり、チョコレートを置いたりすることがあります。業界的には「コーテシー」と言います。

フルーツバスケットというとフルーツが何種類か入っているものですが、実際お客さまが召し上がるのは、皮をむく手間の少ないバナナくらい。ほかのものはほとんど召し上がらないことが多いように思います。

私がかつて利用した大阪のあるホテルでこんなことがありました。「到着されましたら何を召し上がりますか」と聞いてくれて、私が選んだフルーツの皮をむいて「冷蔵庫に入れておきますよ」と、私の心象を想像して対応してくれました。このことは強く私の記憶に残っています。

この行為は、ホテルとしてやったわけでも、マニュアルにあるわけでもないことが、あとでわかりました。接遇してくれたゲストリレーション担当の個人的な行為でした。このホテルの総支配人にこの出来事について褒めたら、「エッ」という感じでしたし、後日同じホテルを利用したときには、そのサービスはありませんでした。「会社としてどうなの？」という問題は残りますが、お客さまのことをほんとうに考えてフルーツを出すということが、どういうことなのか、それを考えて、自然に行動に移したそのスタッフの接遇は素晴らしいホスピタリティだと思いました。

仕事上では、「**やっておきました**」。これです。これが言える人、これができる人が素晴らしいホスピタリティの持ち主です。もちろん口だけでそう言える人ではなく、仕事をきちんとやっておいてくれる人のことです。私の周りにもこれがよくできる人がいます。何か仕事をお願いしようとすると、「それやっておきました」。頼もうとする仕事がもう終わっています。私が次にこれをお願いする、期待することをわかっていて、やってくれています。その想像力が素晴らしいです。

気くばりができるメカニズム

気くばりとは、相手から何かを得ようとか、何かを取ろうとか、売り上げを上げようとか、評価されようとか、そういうことではありません。大事にしなくてはいけないことは、相手が置かれている状況、感情、心境に自分の意識のチャネルを合わせることです。

チャネルを合わせることで、自然とその人が次に何を望んでいるかがわかります。そして、いまやるべきことかそうでないことか考えて、いまやるべきことだなと思ったら、それを瞬時に実行する。

これが気くばりのメカニズムです。「**瞬時**」というのがポイントです。

自分が緩んでいないと、この「瞬時」の対応はできません。何かに追われていたり、体調不良だったり、そういう状態だと緩めません。そのためには自分に対する気くばりも欠かせません。自分に対する気くばりができない人は、他人に対しても気くばりができません。

無理をしない。それが自分に対する気くばりです。

無理をしている様子は他者にとっても心地よいものではありません。そんなに大変ならやめたほうがいいと思わせます。相手に気を遣わせます。そうなったら気くばりどころの話ではありません。

自分の体調や感情を安定させておくことの優先順位を上げましょう。かくいう私も、このことに気づいたのは50歳になってからです。私たちの世代は自己規制して、「とにかくやるんだ！」といった我慢を美徳とするように教わってきました。何かをするときは、それが自分の思い通りにならなくても、とにかく我慢する、と心得ていました。しかし、我慢しすぎるとどこかにしわ寄せがきます。いずれ自分の体調悪化につながります。周りにもいい影響は与えません。仮に自分が我慢せざるを得ない状況だったら、そこを改善していくための何らかのアクションを起こしておくべきなのです。

自分のことを最後にする、ということも、一見他人のためにやっているように思えても、周りに「そこまでしなくてもいいのに……」という気持ちを持たせてしまいます。相手にそういう心理的な負担をかけないためにも自分自身が緩んでゆったりしていること、これが自分への気くばりとなります。

原点は自分が受けた気くばり

気くばり上手な人には、その周囲に気くばり上手な人がいたはずです。その人からの気くばりを自然に受けながら気くばりができるようになったのです。そう考えると家庭環境や、学校、会社での人間関係が重要になってきます。

もちろん、そこでの経験が少なくても、前項でお話ししたようなことを意識してやっていけば、そのうちにできるようになります。

まずは、「あの人のように気くばりができればいいな」と思える人がいたら、その人に近づいてみましょう。そこでその人を見て、観察して真似できることを真似してみましょう。これがおすすめの気くばり練習術です。

真似しているうちに、自分の課題が見えてきます。そこを克服すべく努力し学ぶことで、だんだんできるようになります。

リーダーはプロデュース力

リーダーには気くばりと併せ「プロデュース力」が求められます。プロデュース力とは、スポットライトを浴びるのが自分ではなく、いかにメンバーにスポットが当たるようにするかということです。

もともとリーダーになるような人、特に早期にリーダーに選抜された人は優秀であり、その優秀さを評価されてその地位に就いているわけですから、自分の優秀さを出すことに慣れています。ここに落とし穴があります。こういう人は知らず知らずのうちに評価されやすい行動をし続けてしまいます。そうすると周りの人、メンバーにはずっとスポットライトが当たらないことになります。優秀なリーダーの日蔭になります。

リーダーになる人は、周りの人はすでにあなたの優秀さをわかっているのですから、あえてそれを出そうとせず、**メンバーにスポットライトが当たるようにしてみましょう。**

「**自分に光が当たり続けると、自分の周囲で光輪は終わりです。周りのメンバーに光を当てるとそれだけ光輪が大きくなります。**そのほうが遠くから見た場合、より大きな光を発しているように見えますから、よりレベルの高いことをしているように見えますよ」と、目立ち過ぎるリーダーには話すようにしています。

周りの人に光が当たるようにするということは、気くばりがないとできません。どうしても部下やメンバーのできないところばかりが目につきますが、スポットライトを当てるとなると逆の話です。その人ができること、長所として評価できることを見出してスポットライトを当てていくことになります。長所伸展法ともいいますね。これがリーダーのプロデュース力です。

THE CONSIDERATIONS
REQUIRED
OF LEADERS

CHAPTER 2
気くばりに必要なスキル

ここでは気くばりをするうえでの前段階、
つまり、気くばりをするうえで土台となるポータブルスキルと
心のもちようについて解説します。
ポータブルスキルとは何の仕事をするうえでも
必要なスキルのことです。
「聞く」「表情」「整える」、心のもちようとしては「自分軸」「感謝」。
この5つです。5つのスキルを身につけることで、
気くばり力も格段に上がります。

人の話を「聞く」ということ

まず、聞くということについて。聞くとは**相手の意図することを理解する**という意味です。相手の言葉を鵜呑みにするのではなく、質問によって、相手の意図することを探り当てます。

どうまく質問していくか。効果的な質問の仕方のひとつをご紹介しましょう。これはコンサルタントのノウハウで、asking effective questionsと言われる方法です。相手の発する言葉を質問をしながら定義していきます。

相手との会話の中で「残業」という言葉が出てきたとき、「残業が多くてすごく大変ですよね」と言われた場合に「そうですね」と言ってすぐに反応するのではなく、相手が「残業が多くて大変だ」と言っているその言葉の背景に、時間外手当が増えてしまうことを心配しているのか、働き過ぎで倒れてしまうことを心配しているのか、労基署の調査が入ってブラック企業とされてしまうことを心配しているのか、それらの意図を明らかにします。

「そうですよね。この状態が1〜2カ月続いたらどうなりますかね」とリアクションします。これに続いて相手から「倒れるやつが続出するだろう」という言葉が出たら、相手はそれを心配して残業のことを言っているんだな、とわかります。

これは「What happen?」です。「これ（残業）を放置していると、どんなことが起きるのか？」という視点から質問をしていきます。

この流れから残業を改善したらどんないいことが起こるのか、放置したらどんな悪い結末になるのか、などを質問していきます。前者が「Peeling for gain」、後者が「Peeling for pain」という手法です。これにより、対処すべき最終課題を明らかにするのです。最終課題が明らかになれば、その解決のために投入すべきリソース（人員やお金）も明らかになります。100万円かけて直さないといけないと思っていた問題を、いろいろ質問して聞き出すことによって、実は5万円程度の支出で済むと気がつくのです。

こうして**質問を投げかけていくことで、自分はもちろん相手の頭の中も整理されていきます。**「聞くテクニック」として、気くばりを実践するために必要なスキルといえます。

そのほか、相手の過去のエピソードや経験を聞き出すことで、相手の人となりを知ることができます。相手の出身地を聞き出して、それにまつわる話や、趣味の話、好きな食べ物など、話を広げていく。こうした雑談から気くばりにつなげることも可能になります。これらすべてが聞く力、聞くスキルということになります。

また、相手が言っていることを、自分の理解のために「こういうことですか？」とその意味することをまとめて返すパラフレーズも使ってみるといいでしょう。

「表情」で話を受ける

聞く力を補強するうえで、重要なことがあります。それは、相手が話しているとき、**無表情で受けない。表情で受ける。**ということです。

相手が話しているとき、無表情で話を受けると、相手にとっては、「この人、聞いているのか聞いていないのかわからない」と、感じるはずです。

相手の目や口元を見て、

「うん、うん」「そうですね」「なるほど」と言いながら頷くのがいいでしょう。

ときには「ああ、そうなんですか！」と驚きを表すのもいいでしょう。

このように表情を使って反応していくことは、相手に親しみをもってもらうために非常に有効です。当然、あなたの質問にも親しみを持って答えてくれるでしょう。ポロッといい話を聞かせてくれるかもしれません。

インプットされたものを「整える」

人から聞いたこと、インプットしたことを「整える」ことも重要な気くばりスキルのひとつです。これには思考を整理するフレームワークが有効です。

たとえば、「空↓傘↓雨」というように、「空を見たら↓雨が降りそうだから↓傘をもっていく」というステップを踏んでストーリーをつくるやり方があります。

また「そもそも何が問題か?↓何を決めるべきか?↓論点は何か?↓解決の選択肢

は？」と整理するやり方もあります。

そのほか、情報を結果と原因の関係に漏れなくダブりなくつなげていく、ロジックツリーというやり方もポピュラーです。

こうしたフレームワークについて紹介している本や情報サイトがたくさんあります。知っているだけでは使えません。自分の身の回りの問題の整理や解決のために使ってみましょう。

私は現在、某県庁の組織改革アドバイザーを務めています。県職員が明るく楽しく前向きに働く県庁にすることで最高品質の行政サービスを実現しようという試みです。この推進のために県庁の中に「かえプロ」という組織風土を変えるプロジェクトを組成しました。

このプロジェクトの推進にあたり、先のフレームを活用しました。まずは「何が問題で、どうしたいのか」と聞き、それを6つの問題に整理しました。次にこの6つについて「どういう現象が生じているのか？」「それを放置するとどうなるか？」「その現象が生じている原因は何か?」と質問を投げかけ、それらの問題点の根本的原因を掘り下げました。

この整理の結果、最大の問題が業務過多にあることが仮説として浮上しました。次にその仮説を裏付けるために、過去20年間の組織の数と職員の数の推移を調べてもらいました。その結果、20年前には全部で82課・室だったのが、いまでは108課・室に増えていることがわかりました。一方で職員の数は2000人ほど減っていることがわかりました。人が減っていて課・室が増えているのですから業務過多になるのは当然です。仮説が立証されました。

こういった流れが、インプットされているものを「整理する」ということになります。実践を繰り返すことで自分の武器となります。

忖度ではなく「自分軸」を持つ

自分はどうしたいのか?

自分軸を持つということは、すべてにおいて基本中の基本だと思います。あなたはどうしたいかと問われて「意見がない」という人が多いことに驚かされます。すべてのことに自分軸を持てとまでは言いません。せめて自分がやっていることに対しては自分軸を持っていないと、気くばりに至りません。ＡＩには自分軸がありません。ＡＩほどの情報量と処理能力がない以上、イスラエルの歴史学者ユヴァル・ノア・ハラリが『ホモ・デウス』の中で警告しているUseless Class（無用者階級）になってしまいます。

私たちは小学生の頃から、国語の試験の中で作者の意図を書きなさい、と問われ続けています。「作者の意図することを書きなさい、あなただったらどうしますか」という二段構成ならばいいのですが、その過程がなく忖度で終わってしまっていることが多いように思います。これは中途半端な忖度の力を鍛えているように思えてなりません。会社において、社長に忖度する、上司に忖度する温床ではないかとさえ思います。

忖度すること自体はホスピタリティでもあるので悪いことではありませんが、過度に忖度となると自分軸がなくなってしまいます。意図的に、「**自分ならどうする**」という自分軸を持ちましょう。

私たち日本人は、日本語の文法上、文末でメッセージトーンを変えることができます。「Aであるべきだ」と断言するところを、周囲の様子から「Aという可能性もある」というように表現をぼかすことができるのです。これをやっていると自分軸が弱くなります。そうならないためには、意識して最初に結論を言う、結論を書くというトレーニングが有効です。

気くばりをするうえでも、まず自分の意思が大事、自分軸がないと気くばりもできません。

環境を好転させる「感謝」の気持ち

人生の中であなたの身の回りでは、いろんなことが起きます。いいこともあれば、悪いこともあります。**それらをいかに自分にとって意味があるように考えられるか。これが人生を好転させるキッカケになります。**

たとえば、仕事が重なってとても忙しいとき、それを愚痴ることなく自分自身の修行だと思うことが大事です。いまの自分にとって必要な環境が与えられているのだと考えるのです。つらい環境も今後の自分の成長のため、周りの人のため、と思うようにしていきます。

ほかには、家族の中で、自分が病気になったとき、妻や子どもではなくて、自分でよかった、というふうに意味づけます。起きていることをいかにポジティブに意味づけていくか。それができると次のステップに必ずつながっていきます。

こう考えることの根底にあるのは、「感謝の気持ち」の存在です。

「生きているだけで儲けもの」みたいな話がありますが、そう思えるのは、感謝の気持ちがベースにあるからだと思います。

また別の気持ちの持ち方もあります。

ミーニング・ノートという手法を紹介している山田智恵さんという方がいます。この人はかつて日本一だった金型会社の社長の娘さんです。調子のよいときにはそれこそ丸の内の一等地のビルに入っていた超優良大企業でしたが、リーマンショックで会社が倒産。何不自由のない豪邸住まいから狭いアパート暮らしという大変な状況になってしまいます。

お父さんは事業が失敗したことで当然落ち込みます。それまで何ひとつ苦労したことがなかった山田さんも自分で就職活動をして、いろんなことをしなくてはいけなくなり、一家全員で暗い日々を送っていたそうです。そんな紆余曲折の中で、自分の周囲の現象をポジティブに捉えて、それを言葉にするということを始めたところ、徐々に歯車が好転していったそうです。そのときの体験をミーニング・ノートと呼ぶことにしたそうです。そのミーニング・ノートをお父さんにもやらせたところ、お父さんも復活して、いまでは別の事業をされ、見事に復帰されたそうです。

自分に起きてくることをどうポジティブに取るか、ネガティブに取るかで全然違う結果が訪れます。

私が最初に意味づけを実践し始めたのは、マーサージャパンの社長の最後の2年間です。毎日がアメリカのマーサー本社との戦いだったのです。とあることをきっかけに親会社の幹部が変わり、それに伴いマーサーの本社の方針がガラッと変わってしまいました。アメリカ流を押し付けられるようになりました。日本の視点から取捨選択して抵抗しました。毎朝走るようになったのもこのときからです。起床すると本社から〝とんでもない〟メールが入っていることが多く、走らないとやってられなかったのです。

あるとき、これは自分に対する修行であると思うようになりました。インド人のコーチとの対話から気づきました。そこから不思議と歯をくいしばらなくても走れるようになりました。

つらいことに遭遇するたびに「これは修行である」。そう思うようになりました。パスという会社のCEOをやったときは、想像を絶する統制不能事態のオンパレードでしたが、すべて修行と思うことで、それなりにこなせました。

「この新幹線に乗らなければいけないのに、乗り遅れてしまった」というときには、これに乗っていたら事故に遭ったとか、乗らなかったことによって何か別のことも起きるのだ、と思うようになりました。

自分が思ったように展開しなかったときには、そこに、必ず意味があるというふうに思うようにしているのです。思いがけない事態への感謝です。

THE CONSIDERATIONS
REQUIRED
OF LEADERS

CHAPTER 3
人との関わり方の基本

気くばりの正解は、時によって、相手によって、変わります。
しかし、どんなときでも誰が相手でも
意識しておきたいポイントがあります。
ここでは、気くばりができる人の
「人との関わり方の基本」をご紹介します。

すぐに行動を起こす

何かしようと思ったとき、躊躇してしまうことがありませんか。

そんなときは「やってみなければわからない」。思い立ったらすぐ行動に移してみましょう。多くの場合で杞憂に終わります。

たとえば、ふとAさんが頭をよぎったときに連絡してみようかな、と思っても「しばらく連絡もしていないし、いきなり連絡したら変だと思われないかな……」、と躊躇して、結局連絡しなかったということがあるかもしれません。しかし、パッと思いつくというのは「Aさんに連絡せよ」という自分へのメッセージなのです。すぐにメールするなり動いたほうがいいと思います。

思いついたことは躊躇せずやってみましょう。ありがた迷惑になるのではと思ったとしても、十中八九、結果オーライです。10のうち1つは、タイミングを逸して本当にありがた迷惑になってしまうことにもなりかねませんが、その10のうち1つを恐れることなく動いていくことのほうが、自分の世界も広がっていきます。

ここで大事なことは、**ありがた迷惑になることを恐れず動くこと。**ありがた迷惑なことであったとしても「もしかしてこれはありがた迷惑になるかな」と意識しておけば、のちのちの修正は可能になります。

私は、昔、講演会などでいいお話を聴けたときや、本を読んで「この著者はすごい」と思ったときにはその感激が覚める前にすぐ「今度お時間をいただけませんか」とお礼のメールを入れるようにしていました。4人中3人には無視されます。ただ直接会っていただける方もうち1人程度いてくれました。ありがたいことでした。思い立ったらすぐの行動が功を奏しました。逆にいま、講演会で話す立場になった私は、聴講者からの感謝のメールや問い合わせには極力お応えするようにしています。

表情で語る力

みなさんの周りにいる魅力的な人を思い浮かべてみてください。
その方は表情が常に豊かではありませんか？
つい引き込まれてしまうプレゼンテーションを思い浮かべてみてください。
そのプレゼンテーションのスピーカーは、表情豊かに語っていませんか？

「半沢直樹」の大和田常務みたいな「顔芸」をやれ、と言っているのではありません。**ただ、ほんの少し表情を意識してみましょう。それだけで、いつものコミュニケーションが円滑になることを実感できるはずです。**

私がホテルのフロントで働いていたときのことです。当時のT総支配人の笑顔が素敵でした。見た目もダンディな、いかにもシティホテルの総支配人風のおじさまでした。

ゲスト、社員問わずに目が合うと必ず素敵な笑顔で会釈していました。いまから思うと完全に職業スマイルだったと思うのですが、たちどころに相手をファンにしていたのはさすがでした。

私はよいと思うことはなんでも真似することをモットーにしていたので、さっそく真似してみました。T総支配人ほどの笑顔にはなりませんでしたが、効果はてきめん。初対面の人とのコミュニケーションが弾むようになりました。表情のパワーを実感した瞬間でした。

いかに短く自分の意図を伝えるか

相手に自分のメッセージを伝えること、これも気くばりを考えるうえで、とても重要な機能になります。最近ではテレワークが増え、メールやチャットなどテキストでの伝達の仕方、スキルがいままで以上に求められます。

ポイントは、

いかに短く自分の意図を伝えるか

ということに尽きます。

たくさんのことを伝えて、理解してもらうのではなく、いかに短く話すか、書くか。付属させる資料もいかに少ない量で相手にメッセージを正確に伝えるかが重要です。そのためには、頭の中が整理されていないと、短く話す、短く書く、ことはできません。それを意識しておこなうことが**「伝えるうえでの気くばり」**ということになります。

あなたが一番言いたいメッセージはあと回しで、周辺的な事柄から話す、書く。何が言いたいのか、それがなかなか出てこない。そういう話し方、書き方が親切であり丁寧だと、勘違いしている人が多いように思います。

これは会議における発言でも、プレゼンテーションをするときでも当てはまることですが、メッセージの主旨がわかりにくくなるということは、いくら親切・丁寧な説明であっても相手にとっては苦痛、時間の無駄でしかありません。相手に苦痛を与え、相手の時間を奪ってしまったら、これでは気くばりにはなりません。単なる自己満足にしかならないわけですから。

「伝え方」を意識したメッセージを意識して発していきましょう。

怒らずに伝える

Ｕｂｅｒでお気に入りのカレーと野菜サラダを注文。20分程度で配達された。ところが野菜サラダがない。レシートにはしっかり「野菜サラダ」と書いてある……（Ｕｂｅｒのお兄さんはすでにどこかへ）。うむむ……。実は配達漏れ2回目。前回はカトラリー系がまるごとありませんでした。お店に電話だ！

「すみません、野菜サラダがなかったんですが！　これ2度目ですよ、前回はカトラリーだったからなんとかなりましたが、今回は注文そのものがない。どうなっているんですか。Ｕｂｅｒに渡す前に確認してないんですか！」。よくありがちな内容です。

何のための電話でしょうか。文句を言いたいのか、野菜サラダを持ってきてほしいのか。まあ、その両方ということでしょう。ただ、このような言い方をしてしまうと文句が前面に出てしまいます。当然ながら相手は恐縮します。文句を言っているほうも言いながらさらにヒートアップしてしまいがちです。

この展開、言った側にも言われた側にも嫌な気持ちが残ります。

なんといっても「私は怒っている」というメッセージが強烈に届きます。先方はこれ以上怒られないようにしようという想いが一番前に出てしまいます。

「すみません、いまUberさんが商品持ってきてくれたんですけど、野菜サラダがなかったんです。おつまみセットとかいろいろ頼んだのでうっかりされたんじゃないかと（笑）……野菜サラダ、お願いできます？」

こういう言い方で、特に途中で笑いを入れながら伝えるとかなり違います。

自然に「申し訳ない」という気持ちが相手に湧いてきます。その気持ちが、自発的なオペレーションの改善やトラブルを起こしてしまった顧客への想いにつながります（実際のケースでは野菜サラダ1つのオーダーでしたが、2つ持ってきてくれました！）。

思った通りにことが進まなかったことに腹を立てて、その怒りを相手にぶつけてしまうといいことがありません。

相手は怒られないことが目的となり、オペレーションの改善にはつながりません。配達漏れはその後も起こるでしょう。

これは部下に対する接し方でも同じです。問題行動に対して、ただ怒鳴っても、その怒り方が激しければ激しいほど、怒られないようにしようという想いしか相手に湧きません。行動改善にはつながりません。

おそらく再度同じ問題行動を起こすでしょう。それでさらに怒る、まったく改善されない。悪循環となります。

ただし、本当に成長してもらいたいと思っている部下に対しては違います。怒りをぶつけてもいいでしょう。全身全霊で怒ってもいいです。

ただ、それ以上に愛情も注ぎましょう。愛情なき怒りは相手を委縮させるか、逃避させるか、恨みを買うか、いずれかになります。

お店や取引先に対しても愛情を注げるのなら、怒りをぶつけてもいいと思います。

余計なひと言を言わない

そのひと言は、自分の気が済むためではないか、と自問せよとよく言っています。

上司としてメンバーの行動を正したい。その想いから注意をするわけですが、余計なひと言を言ってしまいがちです。正すべきことを伝えるだけでいいのですが、つい否定的な感情を吐き出してしまうものです。しかも話の最後に。

たとえば、

「……、結局、変わらないな」。
「……、どうせわからないだろうけど」。
「……、いつもそうだよな」。

上司から正されると誰でも反省します。腑に落ちない指摘をされたとして、なんでそう言われるんだろうと、やはり自分の行動を振り返ります。誰でも会話中に自省しています。ただ、最後のこの手の否定的な感情を落とされると、誰でもその言葉に対する否定的な感情がわっと湧き出します。そうなると「正すべきこと」はどこかに行ってしまいます。

自分の感情をぶつけたいのか、行動を正してほしいのか。明らかに後者のはずですが、自分の余計なひと言がそれを台なしにします。

感情をぶつけてはダメと言っているわけではありません。その逆です。
感情のないメッセージは伝わりません。**メッセージを否定するような感情の吐露はやめよう**、ということです。

気持ちを伝えたいとき、そんなときには言葉に頼らないほうがいいです。表情、声のトーン、身振り、ボディタッチなどから伝わります。ただ、オンラインだと黙って肩をポン、ができません。そういう意味でも腹を割って話すときはやっぱりリアルでやるのがいいと思います。

「忘れる」という気くばり

人間最大の強みのひとつが「忘れること」だと思っています。

嫌な思いとかつらい思いは引きずっているとどんどん沈殿していきます。特に、人に迷惑をかけたことは、よほどの心臓の持ち主でない限り、ずっと引きずってしまいますし、また迷惑を受けたほうもそれを繰り返し言ったりすることで、負のスパイラルに陥ってしまいます。

いつまでも双方あるいはどちらか一方が気にしていると、お互い付き合いづらいわけです。心に棘が刺さったようなものです。

忘れたふりでもいい。ふりをずっと続けていると、本当に忘れます。

これには私にも苦い経験があります。ある人に自社の経営諮問委員会の委員を頼んだのですが、こちらの都合で3回も日程を変更。とうとう3回目には大変怒られてしまいました。

もちろん当初快く委員を引き受けてくれた人に対して、欠礼が3回にも及んだことがその人の怒りの原因ですが、そもそも怒りのスイッチが入ってしまった責は、私にありました。私が会社の代表としてお願いしたにもかかわらず、日程変更の理由を他責にしてしまったからです。電話口で4時間ほど怒られました。これはマズイと思い翌早朝、その人のオフィスに出向き謝罪、そこでまた3時間ほど怒られました。最後にはもう「出ていけ」ということでその人との関係性は切れてしまいました。

ところが5~6年後にその人からいきなり電話がきて、また怒られるのかなとビクビクしながら電話に出たのですが、至って平静で、私がその節は……とお詫びを入れると、「そんなことあったっけ」と。

そのあと、会食しているときもあの話には一切触れられませんでした。「忘れたふり」をしてくださっているんだなと、以降、その話はしないようにしました。

この一連のことで、その人からすごい気くばりをしていただいたな、と思っています。その人は「自分は本気で相手に向かう、だから相手から本気で返ってこないと、自分も本気は出さない」といつも言っておられます。

本気で接する相手に対して本気の気くばりが〝忘れる〟ということなんだなと、そう思いました。

THE CONSIDERATIONS
REQUIRED
OF **LEADERS**

CHAPTER 4
身近な気くばり54

リーダーというのは、さまざまな人に対して
気をくばらないといけない存在です。
職場では、部下、上司、同僚、顧客に。家に帰れば家族に。
そして忘れてはいけないのは自分です。
このCHAPTERでは、相手によって、シチュエーションによって、
どのように気をくばればよいか、具体的な例をご紹介します。

CHAPTER 4

家族編

01 家族に気くばりできない人は仕事でも気くばりできない

気くばりの基本といいますか、ベースになるものが家族への気くばりです。家族への気くばりができない人が仕事上で気くばりができるはずがありません。

昭和のお父さんは家族より仕事が優先、家族やプライベートのことなど考えないで仕事に打ち込むことが美徳とされてきました。子どもの世話をする若いお父さんをよく見かけるようになったのは、最近のことです。

それでも仕事が忙しいということを言い訳にして、家族への優先順位を下げてしまうお父さんビジネスマンがいます。外で、会社で、どんな仕事をしていようが、それは家族にとっては二の次の話です。家族の一員として、家族のやることを遂行してこそ、家族を守るということになります。

忙しい中、「限られた時間の中で自分は子育てや家事を手伝っている」と主張するお父さんビジネスマンがいますが、手伝っているという発想が根本的に間違っています。子育てや家事は家の中の大人全員の主業務です。手伝うではありません。手伝うと思っている時点で家族への気くばりが欠落しています。

自分に一番近い人たち、つまり家族に対して気くばりができないということは、部下やお客さまに対してどんなに気くばりをしていたとしても、結局、それは表面的なものではないかと疑います。家族を犠牲にした気くばりは意味のある気くばりではありません。

02 弛《たゆ》む場所を考える

ここで自分にとっての「楽屋」のお話をしましょう。

楽屋とは舞台の出番を待つ控室のことです。役者はそこで化粧をしたり、身なりを整えたりします。誰も見ていない場所で、本番前後でリラックスできる場所でもあります。

さて、ビジネスパーソンにとっての「楽屋」はどこになりますでしょうか。

多くの人が「家」と言うでしょう。

私は家を「楽屋」にしてはいけないと思っています。外で働いていない家族にとってみると、そこが、つまり家が本番の舞台だからです。

本番の舞台を楽屋扱いする人がいると困るのは当然です。

昔から世のお父さんが家で邪魔者扱いされるのは、家という家族にとって本番の舞台で寝転んでいるからではないでしょうか。

「リラックスできないんだったら、家じゃない！」という意見が聞こえてきそうですが、リラックス、つまり不必要な緊張は解いていいのです。ただし、弛んではいけないと思うのです。リラックスと弛みは違います。

リーダーは素でやるものではない。その場で求められている姿をイメージし、それに近づくべく努力する。

これは私のリーダー論です。家においても同じだと思います。家の中で期待される姿があるはずなので、それをイメージして近づくべく頑張るのです。家も本番の舞台です。「外で働いているんだから、家では好き放題にしていい」。これこそ、化石化した昭和の発想です。私は、そうではないと思います。

職場も同じです。職場の外で頑張って働いているのだから、せめて職場に帰ってきたらリラックスさせてよ、これも昭和の発想です。間接部門の人、秘書やサポート部門の人だって、社内での仕事が本番です。外に出ているから、直接部門だから、と職場で弛んでいいことにはなりません。

組織の中で上の立場になると、もう気を遣う相手がいないからいいや、と横暴な人がいます。それは弛んでいる姿です。この姿は組織のメンバーから、あの人と一緒に働きたいと思われるリーダーの弛み方ではありません。

私は「弛むこと」を否定しているのではありません。「弛む場所を間違えてはいけない」、ということです。表舞台で「頑張る」ためには「弛む」ときも必要です。

私はひとりの時間が弛むときだと考えています。

誰にも迷惑をかけずに「弛む」。そういう時間をつくりましょう。

「弛む」というと寝転がってポテトチップスを食べながらテレビやYouTubeを観ている、というイメージがありますが、それだけではありません。弛みたかったら、瞑想やジョギング、朝日を浴びながらの深呼吸……、これでもいいのです。こうした瞬間でも自分自身が「弛む」はずです。

03 安易に最終結論を出さない

家族の中での話を考えるとき、何が正解で何が非であるかは、あえて決めなくてもいいと思います。それをたとえば、細かいところを取り上げて、そこはこうするべきだと、こうしてほしいとか話題に上げることは間違いです。

つまり、相手を否定する、相手の行動の後ろにある性格的なことを指摘し合っていくと、それはもう逃げ場がなくなっていきます。その結果は、お互いが話さなくなるか、双方の関係性が破綻するかのどちらかになります。どちらにせよお互いにとって不幸です。

ここで、大事なことは、**踏み込まない。**少なくともある程度のところまでいったら、それ以上踏み込まない。ということです。

最終結論まで出さない、踏み込まない、というのが、家族内でのひとつの境界線ということになります。この境界線をどこに引くか、ということを考えておくことが必要だと思います。誰にだって長所や欠点はあるでしょう。欠点が嫌だということではなくて、欠点からもたらされる行動が嫌なのです。

ましてや指摘された性格的なところは直りません。そこを無理して直すのではなく、行動を直すように努力するということです。

たとえば、「旦那が使ったあとは洗面台がびしょびしょである」という話をよく耳にします。洗面台を使ったあと、びしょびしょでも平気な男性がよくいると思うのですが、そこで化粧したりする女性は、びしょびしょだと困るわけです。

そこでその女性は、びしょびしょということに関して文句を言いますが、その場合、「びしょびしょだと化粧をするときに困るの」と言えばいいところを、その相手（びしょびしょのままにした男性）が「ガサツ」であるという性格的欠点を直接責めてしまうと、言われた相手はムッときます。こうなると、相手はもうこの性格なんだから、どうしたらいいんだろう、みたい話になってしまいます。

そうではなく、そこは冷静になって相手の欠点がもたらしている何かを指摘する、つまり、それによって自分が困っているので、何とかしてほしいという気持ちで相手にアプローチするのがいいと思います。

04 次の人のことを考える

洗面台を使ったあとは、そのあと使う人のことを考え、それが男性であっても女性であっても関係なく、必ず拭くというルールはあってもいいですね。

それが次に使う人への気くばりです。家の中であっても次に使う人のことを考えることは必要です。

家庭では男性も座って用を足す。立ったまま用を足すと、周りに跳ねてしまって、次に使う人が困ります。「家の中のことだからいいじゃん」と思いがちですが、「いいじゃん」といったとき、誰かがあと始末をしているわけです。これはよくない状態です。

やはり、みんなで暮らしている以上、ほかの人に対する気くばりという点から、心当たりのある人はそういう行動を直していくことが必要です。

家庭内と同様、職場でも次の人への気くばりを思い出してみましょう。

たとえば、シュレッダーのゴミがパンパンになっているのに、誰かが捨てるだろうと、自分で捨てるのが面倒くさいからぎゅうぎゅうに押してそのあとをやり過ごすとか、コーヒーメーカーのところにコーヒーがこぼれていても、時間がないのを口実にふき取ることをしないとか……。でも次の人がコーヒーを飲むときに、ポタポタこぼれていたら嫌じゃないですか。自分が次の人の立場だったら、と考えてみてください。

こういうことは意外と、誰かが言ってあげないとわからないものです。言ってあげる必要があります。そのときに、先ほどもお話ししたように、「あなたはガサツだから」「いつもそうなんだから」というようなその人の性格を攻撃するようなことを言わないように注意します。

あくまでもコーヒーをこぼしたままにしておくと次の人が嫌な思いをする、シュレッダーは次の人が使えるようにしておく、という本来のメッセージが伝わるようにしてください。相手に対してちゃんとメッセージを伝えるという気くばりをすることで、正しい意味のメッセージが伝わるのだと思います。この2つの例は家庭や職場に共通する気くばりです。

このためには、簡単でいいですから家庭内でルールのようなものを決めておくといいですね。そうすればそのルールを守ろうとしますから、結果的に気くばりしている状態をつくりだせると思います。

ホテルで働いていたときの話ですが、総支配人がフロアーに落ちているゴミを発見すると、さっと拾って自分のポケットに入れます。あるとき総支配人になぜそうするのか聞いてみたところ、「ここは自分の家なんだから、ゴミを拾うのは当然でしょう」とおっしゃっていました。なるほど、と思いました。

それ以来、自分の会社のオフィスも、コンサルで伺ったりする場所も、基本的に自分がいまいる場所は「家だ」と思うようになり、私もゴミが落ちていたら拾うようになりました。

05 積極的に「ありがとう」を言う

私のようにホテル業界出身の人間にとっては、「ありがとうございます」と言うことには慣れていますが、一般の人や子どもなどはあまり慣れていないかもしれません。

特に、近い間柄の人に対しては、「ありがとう」となかなか言いません。言う機会がないとおっしゃる方も多いでしょう。そもそも日本人は「ありがとう」とあまり言わないように感じています。でも、あえてこの「ありがとう」を言うことで相手との関係性がかなり変わってきます。

だからこそ、そこは**意識して「ありがとう」と言っていけるといい**と思います。

難しく考えることはありません。何か自分にとってありがたいこと、助かること、うれしいことをやってもらったら、すぐ「ありがとう」と言うルールを自分の中につくっておきましょう。

それは、家族のように近い間柄こそ、やったほうがいいのです。

基本的に、組織の中の人間は、家族であろうがコミュニティであろうが、会社組織であろうが、大なり小なり誰かに認めてもらいたい、と必ず思っています。その「認める」という一番わかりやすい方法が、「褒める」ということなのです。

「ありがとう」のほか、夫婦関係を劇的によくする「さ・し・す・せ・そ」というのがあるそうです。


「**さ**すが」

「**し**らなかった」

「**す**ごい」

「**セ**ンスがいい」

「**そ**うなんだ」


これを家庭内で意識して会話に使っていくといいと思います。

仮に、会話の流れの中で、心のこもっていない「そうなんだ」「さすが」があったとしても、意外にそう言われた本人はうれしいものです。これは、家族間だけではなく、会社の上司や同僚、友人との間柄においても社会に出ればどこでも同じことだな、と思います。

06 家事は役割分担として考える

家庭内の気くばりで外せないのが「家事の分担」です。

家事というのは、家族全員の主業務であるとすることが基本です。奥さんの主業務でそれを手伝うということではなくて、全員の主業務としてできる人がやる、得意な人がやる、自ら積極的にやる、ということだと思います。

尊敬するSさんファミリーの話です。洗濯、部屋の掃除、風呂の掃除、ゴミ捨て全部、ご主人がやっています。さらに育児では、習いごとへの子どもの送迎、小さい子どものお風呂入れ、読み聞かせ、寝かしつけもやっています。

Sさんによると、洗濯は毎日の自分の仕事だが、洗濯機が快適に動くようなメンテナンス系は奥様が担当しているそうです。だから毎日100%の状態で洗濯機を使えています、とのこと。役割分担ができていますね。

また、表に見える、表向きの家事とそうでない家事があります。男性は、目に見えない家事というのは苦手です。ずっと家に居るわけではないので単純に気が付かないということがあります。それを奥様にやってもらい、**目に見える表向きの家事は全部やるというスタンス**でいたほうがいいでしょう。

再びSさんファミリーの話ですが、家の中の湿度を53％以上に保っておくなんていうのは奥様が得意かもしれません。どう工夫しているのかは表向きわかりませんが、目に見えないところで奥様がやってくれているので、誰も風邪をひくことがないのだそうです。

CHAPTER 4

部 下 編

07 気くばりのある職場にする

気くばりのある職場はストレスがなく働きやすい職場ということになります。みなさんも経験があると思いますが、怒られたときは（当たり前ですが）ストレスがかかります。

部下が大きなミスをしたとき、部下もミスをしたことはわかっています。そんなときに怒るというのは、気くばりがゼロだと思います。それは「お前はダメだ、0点だ」と念を押すようなものです。その人のやる気を削ぐばかりか仕事に対する大きなストレスを与えてしまうことになりかねません。そこは笑ってあげるくらいの寛大な気持ちがあっていいのではないでしょうか。

ただこれも自分の心に余裕がないとできません。先ほどもお話ししたように、自分に対する気くばりができていない人にはこの余裕は生まれません。

そうは言っても何度も同じミスを繰り返すというのはいただけません。**私の周りの経営**

者も最初のミスは笑って許すけど、また同じミスをしたら怒りますよ、という人は多いです。同じミスを繰り返すというのは反省できていない、ということでもありますから。

中にはその仕事に向いていないということもありますから、その見極めもリーダーとして大事になります。もし部下がこの仕事には向いていないなと感じたら、同じ仕事をやらせて同じようなミスを誘発するようなことはせず、今後、相手にはその仕事をアサインしない、というのも気くばりかもしれません。

その仕事が向いているかどうか、どんな仕事がフィットするか、それを考えてやらせてみるのもリーダーの気くばりといえるでしょう。それがストレスをなくす場づくりのスタートになります。

08 部下の時間を奪わない

以前に『もしかしてブラック上司？』（ぱる出版）という書籍を上梓しました。

この本は、暴言罵倒する、残業を強いる等の人格否定的な「ブラック行動」について書いたものではありません。むしろより深刻な「当人にまったく自覚がない」ブラック行動がテーマです。自分の常識からすると当たり前の行動で、むしろよかれと思ってやっているのに、部下にはブラックと思われてしまう……。そのような言動をしていないかを読者にチェックしてもらうため、まとめたものです。

無意識なブラック行動の典型が、部下の時間を奪うことです。

たとえばメール処理ができない上司もブラックです。

メールの処理が遅い上司はブラック資質保有者、部下の仕事のタイミングも遅延させます。

深夜や休日にまとめて返信するのはブラック確定。隙間の時間を利用して、携帯端末からどんどん処理すべきでしょう。

深夜、休日に返信を書いた場合には、下書きフォルダに入れておき、翌朝に送信するといいでしょう。

また、返信が遅れそうな場合には「○日までに返事する」ととりあえず返します。長いメールが来たら、メールで返さずに電話をします。

特に長いメールを書いてくるということは、困っているか、いま何とかしてほしいと部下は思っているはずですから、その意を汲む意味からもその場で解決できたほうがいいと思います。長いメールが来たときには極力会って話をするということを意識するようにしてください。

部下のスケジュールが公開されているにもかかわらず、それを確認せず呼びつけたり、仕事の依頼をするのもブラックです。

そこには、部下の行動や負荷を把握していないうえに、部下の時間は自分のものという意識が当たり前のように根底にあるように思います。

さらに、**自分のスケジュールを公開しない上司もブラックです。**部下からすると、いつどこで上司に相談したらよいかわからないからです。

みなさんが思う以上に、自分の行動がブラックであることに気づいていない管理職が多過ぎます。

こうしたブラック上司の存在率は業界ごとに異なるように思います。特に、人的流動性が低い業界で存在率が高いようです。
理由は簡単。他業界からの人材の流入がないため、世の中の変化を自分ごととして受け入れていない経営層、管理職層が多いからです。上司のやり方が変わらないので、そういう業界からはどんどん若手の有望人材が流出し、人が集まらない企業は事業継続ができなくなります。経営層はこの悪循環を深刻な問題として捉えるべきです。

09 周囲とうまくいかない部下の対処をする

とても優秀な部下がいたとします。その部下は、自分の期待に120%応えてくれます。その部下と話していると議論が弾み、気持ちもいい。つい、いろいろな仕事にアサインします。ところが周囲はその部下について総スカン。なんであの人ばかり重用されるのか……、と陰口が飛ぶほどです。

あれだけやってくれているのに、なんでそんなにネガティブ評価なんだろう、と思い、その人の評価を修正しようとするのですが、うまくいきません。むしろ、なぜ、その人をそこまで守るのか？　と周囲の感情を逆なでする結果となってしまいます。

その後も、その人を要所、要所で登用するにつれ、周囲の気持ちはリーダーから離れ、リーダーとその部下は孤立することになります。一方で、その人の行動についての意見（クレーム）も耳に入るようになり、その意見を当人に伝えてなんとか周囲との関係性を改善してもらおうとします。ところが、本人からこう説明されます。

実は○○ということがあって、その行動になった。自分が動かなかったら事態（周囲との関係）は悪化しただろう。これに「なるほど、周囲がわかっていない」と思います。この部下は自分と同じ目線でよくわかっていると思い、誰がどんなことを言っているのかを伝えてしまいます。時にはメールを転送してしまったりします。これが事態をさらに悪化させます。その部下と注進してくれた部下との関係性は最悪になります。

自分の評価は極上。ただ周囲の評価は真逆。こんなときは自分の目が曇っているのではないかと疑いましょう。

これまで私は多くの人のアセスメントに関わってきました。５０００人は優に超えているでしょう。この点からすると「人を見る目」についてはプロとしてそれなりの実績があると言えると思います。しかしながら、こと自分が絡むことになると一気に目が曇ります。そういうものです。私情は判断を誤らせます。

過去に数回、ここで書いたような失敗をしたので、自分の評価と周囲の評価にギャップがある場合にはこう捉えています。

・その部下が自分にとって優秀なことは事実（ただし、それは自分に対してのみ）
・その部下が周囲とうまくやれていない（よくない影響をもたらしている）ことも事実

このため、こう心がけています。

・その部下の周囲への影響を最小にするアサインとすべし
・それができない場合にはその部下を自分から離すべし

周囲のレベルとその部下のレベルに差があり、その部下の言っていること、やっていることのほうが自分の期待に応えているという場合であっても、その組織にそのレベルで動く準備がない場合に無理にその部下に合わせようとすると、組織が機能不全になります。

10「いま決めなくてもいい」はない

何を食べるか、何の映画を観るか、どこに遊びに行くか……。物事をスパッと決められない人が多いようです。それがプライベートであれば笑い話で済むかもしれませんが、ビジネスとなると笑えません。


先日あるところでこんな話を聞きました。

意思決定者がなかなか「決めない」ので困っているというのです。

彼は周囲からの提案に対して「NO」とは言わないそうです。しかし、ダメ出しだけはどんどんする。

そこで再度検討して別の案を持って行くと、またNOとは言わず、ダメ出しをする。こんな感じで一向に決まらず部下たちが困っているというわけです。

私は提案自体が悪いのではないかと思い、内容を吟味してみました。が、そんなことはないのです。

上司の仕事は「わからないことを決めること」です。成功するかしないかは誰にもわかりません。部下からある程度の説明を聞いたら、自分の判断軸に照らして、「えいっ！」とひと思いに決めないといけません。

勤勉な上司の場合、自分の判断軸がないのに、下手に知識がある分、いろいろなオプションの検討を指示します。結果、ますます決められなくなるのです。

あなたが決められないのであれば、打開策は1つしかありません。

信頼を寄せる人に決めてもらうのです。

その人に「これがいい」と言ってもらいましょう。
あなたの上司でもいいでしょうし、外部のアドバイザーでもいいでしょう。
「最後は、子どもや妻が賛成するから決めた」なんていう経営者も少なくありません。

どんな決め方であろうと、タイムリーに決めることが部下に対する「気くばり」となります。

11 周囲を批判しない

ある企業に自分を高める努力を怠らない人がいました。誰よりも長く働き、熱心に課題に取り組む。その努力が認められ、30代にして役員に登用されました。

ところが彼をリーダーにした企画は、これまですべて頓挫しました。なぜなら、周りの人が動かないのです。「どうしたものか」と社長から相談を受け、この彼を分析してみました。

たとえば、会議の場で彼が意気揚々と発言していても、周囲はなぜか白けています。それでも彼は場を盛り上げようと一生懸命やっています。

アイスブレーク、議論の可視化、KJ法……等々。多くのマネジメント本を読み、社外の研修に自費で出掛け、習得したスキルを実践していました。

「双方向のコミュニケーションを意識しています」。私とのインタビューでも、彼は優等生の回答をします。しかし、彼の周りに人は集まりません。いろいろ検討した結果導き出された、その原因は、**彼が周囲の批判をすることにありました。**

彼の発言には、つねに他人へのネガティブな要素が含まれていました。そこに、「自分のほうが優れている」という意識が見え隠れするのです。

こうしたタイプは、他人を蹴落としてでも上へ行こうとします。少なくとも、周囲の目にはそう映ってしまいます。

彼のように、何事も自分中心で、野心のある人と一緒に仕事をすると、周りの人はそのための「駒」にされてしまいます。

彼の自分を高めたいという意識は大いに結構です。伸び盛りの企業にとっては、むしろこういう人材は必要です。

しかし、彼には周囲あっての自分、という意識が欠落しています。他者への気くばりがまったくありません。自分の利ばかり追求してはいけないのです。

私は彼を呼び出し、試しに、社内のほかの管理職の評価をしてもらいました。するとすべての人に対して良い点はわずかに5%、残りは問題点の指摘に終始しました。

しかも大半は、「自分と比較して」の話。聞いていて気持ちがいいものではありませんでした。

一方で、彼自身のキャリアビジョンを聞くと、より大きな仕事をして社会を豊かにしたいと答え、その志はなかなか立派なものでした。

彼のなかには何かを成し遂げたいという思いが強過ぎて、足元が見えなくなっていたのです。周囲を動かすには、自分を捨てて奉仕する姿勢も必要です。

そこで彼にこうアドバイスしました。

「まずはあなたの志をみんなに感じてもらえるような存在になりましょう。いまは個人的な野心のほうが目立っています。この意味を考えておいてください」と。

志ある人には人が集まる。野心ある人からは人が離れる。リーダーとなるべき人は肝に銘じてほしいことです。

12 部下の陰口を放置しない

昔から上司の悪口は、中間管理職にとって格好の酒の肴とはよく言われています。あの部長は○○だ、この課長は××だ、と悪口を言いながら居酒屋でひとしきり盛り上がることもあるでしょう。

しかし度が過ぎると、聞いていて気分がよくありません。中には自分以外のすべての人について、ネガティブな発言をする人がいます。

本人は批評をしているつもりなのでしょうが、実際は批判ばかり。いかにその人がダメであるかを滔々《とうとう》と語ります。聞かされているほうはもうウンザリです。

とはいえ、下手な反応をすると、次は自分もどこかでその人のネタになってしまうかもしれないので、適当に合わせるしかありません。

すると、喋っている本人はますます調子に乗って悪口がエスカレートしていく。どの会社、組織にもこういう人がいます。

本人がいないところでは散々悪口を言うのに、面と向かって悪口を言うことはありません。むしろ、きわめて好意的に接していることが多いように思います。悪口を言っている本人は、相手に気づかれていないと思っていますが、多くの場合、本人に伝わっています。ご注進を聞いた上司はどうするか。悪口を言われた上司の度量が大きければ大きいほど、表面的な態度は何も変えません。

態度は変えずとも、その人に大事な仕事を任せなくなります。相談もしなくなります。徐々に距離を置き、いずれ絶縁です。

こうした屈折心は実に厄介です。屈折心の背景にあるのは、「自分を認めてもらいたい」という欲求です。

組織の中の自分の立ち位置や評価に満足しておらず、本当はもっとできる人間だということをわかってもらいたい。だから、誰もが知っている上司、特に評判がいい上司の批判をして、自分はその人よりも優れている、ということを言いたいのです。

屈折心は、ものすごい速さで増幅します。

上司やリーダーはこの部下の屈折心を早いうちに摘み取ってあげたほうがいいでしょう。

屈折心が周囲に対する憎悪になってしまうと、手がつけられなくなります。

自分の周りにそういう人がいないかどうか、見渡してみましょう。見つけたらできるだけ早く修正をしてあげてください。

13 口先だけの仕事で部下の成長を阻害しない

ひと昔前まで、日本の会社では、立場が上になればなるほど仕事をしなくなるのが当たり前でした。

上司の仕事は、「あれはどうなっている?」と確認したり、「この担当は誰だ?」「あれを持ってきて」と指示、質問することがメイン。

つまり、「口先」だけで仕事をしていたと言えるでしょう。

しかし、最近は変わってきました。

上司は自分で資料を作成し、自ら話す、ということを当たり前のようにやっています。今後はますますそうなるでしょう。

ただし、上司がやる仕事は、部下と同じであってはなりません。

それをやってしまうと、**部下の仕事の領域を侵食するので、部下がいつまでも責任をもって仕事ができなくなります。**

やるべきは、上司ならではの仕事です。

上司ならではの仕事とは、次のようなものです。

- **自分がやってきた仕事を引き継ぐ人の成長を支援すること**
- **組織全体のモチベーションが上がることを企画し、実行すること**
- **仕事の生産性を劇的に高めるために何ができるかを考え、動くこと**
- **顧客価値を劇的に高めるために何ができるかを考え、動くこと**
- **上司としての仕事をするために人的ネットワークを拡大させること**

「あいつにはまだまだ任せられない」と言って、後任者の仕事ぶりに口出しをする、頭ごなしに否定するという上司にありがちな行為は、上司としての仕事を放棄し、部下の成長を阻害することになるので慎むべきでしょう。

しかし驚くことに、上司が口先だけで仕事をするやり方をいまだにやっている企業もまだまだあります。

はっきりしているのは、その上司の仕事のやり方を変えない限り、優秀な社員は会社に定着しないということです。

優秀でかつ健全な野心がある若者からすると、そういう上司の存在は「仕事もせずに口出しばかりしてくる」〝うざい〟以外の何物でもないのです。

14 部下に声をかけて関心を示す

私は、そもそも「部下」という言葉は好きではありません。上とか下とかという関係性に依存しているので、そこには相互の甘えが生まれます。

部下に対して俺の言うことは正しいとか、俺のことは優先して当たり前だ、と思ってしまうし、部下は部下で、いざとなったら上がやるだろうと、相互に甘えが発生してしまいます。

上司も部下も、「同僚」です。

たとえば、新人が入ってきたとき、世の中的には確実に部下なわけですが、そうではなく「経験の不足した同僚」と捉えます。組織としては、上司としては、その新人の経験が不足しないようにしていくのがいいですし、快適な環境で働いてくれるほうが上司である自分にとってもいいわけです。ですから、何か困っているようなこと、心配そうなことを見かけたら、「どうした？」「大丈夫か？」と声をかけてあげるのです。そのチームがうまくまわっているかというのは、その中でいかにコミュニケーションがとれているかということです。

コミュニケーションの良し悪しは、一緒に過ごしている時間の量に比例します。

声がけをすることによって、共有する時間を持つことができます。特に自分が意識してやっていたコミュニケーションの方法は、自分と気の合わない人、普段会話の少ないような人と意識的に話すということです。

以前、再建企業の社長をしていた会社では、私のレポートラインにいる人間が5人いたのですが、5人の顔写真をマグネットにつけて、机に「話したゾーン」を設けて、毎日話した人をそこにもっていくということをしていました。すると、毎回同じ人が一番最後に残ります。この人が一番話づらいのだということがわかりました。そのあとは、その人と意識的に話すようにしました。同じことをやってみてください。話す頻度に差があることに驚くはずです。

15 緊張させない雑談をする

部下との雑談は、どんな内容がいいのですか？ とよく聞かれるのですが、一番いいのは、**仕事に直結していない内容で、しかもノーアジェンダです。**

話の内容は、たわいのない、意味のない話でいいのです。むしろ構える必要はありません。

とある団体の話です。トップの方がとても真面目な人で、会議中などでも一切雑談をしません。仕事の話しかしないのです。1対1だとなかなか会話が成り立ちません。かつて人事課が1on1面談をやったところ、すべての1on1が取り調べのようになってしまったという笑い話があります。

そこでファシリテーター的役割で私が入ることにしました。そこでは、野球の話、当時ではたとえばWBCの話や、大谷翔平選手の話題、ほかには外国人観光客が増えているという最近のニュースの話をしました。

どうしても仕事の話になると、いつまでに何をやるとか、成果はどうなる、とかその場に緊張感が走ります。そうならないために緊張感を発生させないネタ、話題を選びます。

ほかには、髪型が変わったとか、着ているものが変わったというのをネタにして話をするというのはよくあります。ただ、気がつかない人、そういうことには興味がないという人がわりと多いようなので、そこが難しいところでもありますが……。「えっ、気がつかなかった！」みたいに気がつかなかったことをネタにして、場を和ませることもできます。

16 部下に本気で向かう

最近パワハラとかセクハラとか言われてしまうので、雑談の話題が難しいと思っている人が多いようです。雑談とプライベートとの線引きのこともよく訊かれることです。

世の中のハラスメント系で最初に出てきたのはセクハラです。このセクハラ、同じ内容であっても、ある人が言うとセクハラにならないのに、ある人が言うと一発アウトということがあります。それは、言っている内容ではなく、その人とどういう関係性にあるかが決め手になっています。これはパワハラについても同じです。

何を言うかではなくて、どういう関係性を日常的につくっていくか。これが大事です。日常的に相手にどのように接しているか、これがベースになります。それなしに、「これをやったらセクハラです」「これを言ったらパワハラです」というガイドラインだけ暗記しても意味がありません。

今治でサッカーチームの監督をされている岡田武史さん（元サッカー日本代表監督）からこんな話を伺いました。

新スタジアムをつくって開幕戦のチケットを5日間で売らなくてはいけないときに、スタッフみんなが動かず、それに業を煮やした岡田さんは「ろくに動かず、どこまでうちは大企業なんだ！」と涙ながらにスタッフに訴えたそうです。岡田さんの熱い姿に接したスタッフにすぐに岡田さんの本気度が伝わったのでしょう。その後、なんと予定枚数以上のチケットを売ったそうです。

岡田さんの本気度が日常的に伝わっているから、この「うちはどこまで大企業なんだ！」と怒っても誰もパワハラだと思わないのです。

「最近、**心理的安全性**という言葉を盾にとって、部下や周りの人には厳しいことを言わないことが正当化されている」と岡田さんは続けておられましたが、私も同感です。

もともと、心理的安全性という言葉は、Googleの人事チームの分析から出てきた言葉で、

アメリカのように多国籍・多人種で価値観が違う人たちが多くいる中で、偏見なしにお互いの考え方を受容できる。そういう環境が心理的安全性があるということです。

ところが日本は多国籍・他人種という環境は少ないので、心理的安全性＝リラックスできる、自分の立場が身の危険に晒されるようなことがない環境というふうに曲解されているように感じます。

きついことをまったく言わないということが正しいとされてしまうと、先ほどの岡田さんのケースのように5日間で動かなければならないのに、チームメンバーが全然動かない、というようなことになってしまいます。

日常的に本気でメンバーに向かっていれば、それこそ強く怒ったとしてもパワハラにはなりません。想いが伝わって結果が出る、これはパワハラとは無縁の話です。

17　部下を上手に叱る

部下を上手に叱る。リーダーにとって永遠の課題です。

相手がその叱る原因について、叱るに至ったことに関してどう思っているか、ということによると思います。自分がほんとうに失敗したなとわかっている人に強く叱責することはしないほうがよいでしょう。

ただし、わかっていない人には、本気で仕事に向き合ってもらうために本気で叱りましょう。その局面局所で、叱る側は、本気度を使い分けることが求められます。つまり、**相手の様子を見ながら使い分ける。感情のおもむくままに怒ったりしてはいけない**ということです。

特に叱る原因になることというのは、メールで来ることが多いです。通常、「なんだこのメールは！」「わかってないじゃないか！」とカチンと来るかもしれません。しかし、メールで来たものをメールでやり返すと、ほんとうに酷いことになります。

こんなときは、自分の感情を抑えるために一晩寝かして、感情が落ち着いたところで、その人と直接話すようにしましょう。その時に必要と判断できたら感情を使って話をします。

私は、未来のクリエイティブプロデューサーをつくるという財団の理事兼塾長をやっています。そこであるひとりの男性、Aさんが目に留まりました。優秀で選抜組の5人に選ばれるほどだったのですが、自分中心で、周りの和を乱すようなことばかりしていました。それを正さないと先はないと思い、Aさんと話をする機会を設けました。

Aさんの言動の問題は就職がなかなか決まらず、自分の思い通りにならないことが影響していたようです。

そこで、Aさんにある方を紹介しました。メディア系の仕事をしたいということでしたので、某ラジオ局の編成局長です。話し合いが終わったあと、その編成局長からは「Aさんと話し合いをしました」と報告が来たのですが、Aさんからは一切報告がありません。

そこでそのことについて真剣にAさんに注意をしました。本来なら「編成局長とお会いしてきました。ありがとうございました」と報告があってしかるべきだからです。

「人が人を紹介するとはどういうことなのか、ということをちゃんと考えたほうがいい」ということ、「人を紹介されたあなたは、紹介してくれた私と、会ってくれた人に対して、すぐにお礼をするということを習慣づけなさい」ということなど、本気で叱りました。そうした指摘を受けたのは初めてのようで「わかりました」と、私の言うことを理解してくれ、以後それはきちんと続けてくれています。

この手の話は結構あります。以前私のところに大企業から出向に来た人がいました。私のかばん持ちみたいなことをやってくれていたのですが、あるとき会食にも同席してもらいました。会食の翌日「昨日はありがとうございました」とメールを入れ、この彼をCCに入れておいたら、「会食のあとはお礼をするんですね」と言っていたのを思い出しました。ビジネス上の礼儀については誰かが教えてあげないとわからないものなのです。気づかせてあげる、礼を尽くしている姿を見せてあげるというのは大事です。

このほかにも、資料などのレビューのとき、よくない部分があってもこちらでチャチャチャと直さず、手間を惜しまず指摘してあげるとか、なぜよくないと私が思うかについて答えてもらうとか、そういうことを意識してやっていくと部下の成長にもつながると思います。

18 メンバーに光を当てるコツ

リーダーがメンバーに光を当てることは、まさしくリーダーの気くばりです。こんなやり方もあります。一緒に営業に行く場合など、「ちょっと具合悪くなったから、あなたひとりで行ってくれ、あとはあなたにお願いするから」と、本当は具合も悪くないのに、自分の代わりに仕事を任せるのです。

リーダーと一緒に仕事をしていると、リーダーがいて自分がいて、という関係性で周りが動くので、いつまで経ってもリーダーと同じような仕事をする機会が回ってきません。このように意図的にメンバーにスポットライトが当たる場をつくるのもリーダーの気くばりです。リーダーである自分が出ることなく仕事が回ったら褒めてあげます。

ビジネスの世界では昔から、リーダーが何らかの都合で動けなくてやむを得ず代打として機会を得て、それがきっかけで部下が伸びるというケースが多々あります。失敗してしまう場合も時としてあるでしょうが、その場合は、機会を与えたリーダーが徹底的にフォローするということが必要です。私自身もそういった機会を与えられたことがありました。当時は「なんだよ、これ！」と思うような事案もありましたが、いま思えばそういう機会を与えてもらったのだと感謝しています。

京王プラザホテル勤務時代、人事制度の改定をしているとき、部長と一緒に社長のところへ説明に行く予定が、突然部長が行けなくなり、なんと当時平社員の私がひとりで社長のところに行くことになりました。正直驚き、不安になりましたが仕方ありません。

しかし、そこで直接社長の人となりに触れ、自分の考えを説明できた経験は、のちのちの自分にとって大きな糧にもなりとても良かったと思っています。

これもまさに気くばり。部下やメンバーに経験を与える、成長機会を与える、気くばりのコツとでもいいましょうか。

19 トラブルの責任を部下に負わせない

トラブルには、いろいろなものがあると思いますが、一番わかりやすいケースとしては、会社が提供している商品ないしサービスがクライアントの期待に沿えずクレームがもちこまれるケースが多いのではないでしょうか。この場合、仕事を任せたのだからといって、部下にその結果まで任せる、責任を取らせる、と考えるのは間違いでしょう。たしかに仕事は任せましたが、その結果まで任せるというのは、基本的にありません。

それは会社として本来自分がやるべきことを部下に権限移譲してやってもらっているわけですから、**「何かあったら、すべて私が責任を取る」「トラブルが発生したときには、私が前面に出て対応する」ということをあらかじめ部下に伝えておいたほうがいいでしょう。**

先ほど取り上げた私が組織改革アドバイザーをしている自治体の場合も、庁内広報で何かとりあげようとしても、何か言われるんじゃないかと、職員は戦々恐々としています。

職員にはこう伝えました。

「とりあえず今回みなさんがいいと思ったことは全部やったほうがいい。これは改革推進アドバイザーの柴田から強制されたということでいいじゃないですか。責任のすべては私が取りますから」

改革は思い切りやらないとその実行がおぼつきません。実行の安心材料として、保険として、最後は自分がいるから何でもやりなさい、ということが非常に効果的です。それが、部下に成長機会を与えたときに、その機会を十分に活用してもらうための気くばりです。

20 部下のメンタルヘルスに注意を向ける

その人が持っているオーラというか元気度合いみたいなものがわかることがあります。この人いつもとちょっと違う、というものです。ある人を見て「○○さん、今日は睡眠不足かな」「体調が悪そうだから風邪でもひいているのかな」ということがわかるのです。ただわかっただけ、何もしないのはもったいないので、声をかけるようにしています。

ただ、このときに**距離感を意識しています。**距離感によって、「具合はどうなの?」と声をかける場合もあれば、単なる雑談をあえてすることで、そこから状況を見るようなこともします。

人を見るときに関心を持って見るとちょっとした変化に気づくようになってきます。自分がいつも気にしているものは、位置が変わったとか、色が変わったとか、自分の物を誰かが使ったかもとか、ちょっとした変化に気づくはずです。それと同じように、人に対しても、気にしていればちょっとした変化に気づくと思います。

気づいたときに、あまり深く考えずにすぐにアクションを起こせるか、声がけをするとか、何か手を差しのべることができるかということが大事です。

ここでのテーマ、部下のメンタルヘルスについても、心の病と認定され休職に追い込まれる前に、アクションを起こすことが重要だと思っています。当たり前のように思われるかもしれませんが、これがなかなかできていません。

普段とは違う部下の様子を見て取れたら、「疲れていないか」と声がけするとか、「ちょっと来い」と呼んで話をするとか、きわめて昭和っぽいアプローチですが、こうした気くばりは必要だと思います。

先日も某社の男性スタッフのメールに気にかかることがあったので、すぐに呼び出して40分ほど話をしました。**何か気になることがあったら、躊躇せずに動く。**特にメンタルヘルスについては、手遅れにならないうちにアクションを起こすことがリーダーには求められます。それも気くばりです。

21 仕事の全体像を伝える

リーダーとして、仕事の全体像を部下に伝えるということは、欠かせない気くばりといえます。往々にしてこのことは忘れられがちです。これができていないと、部下に仕事を依頼するときなど、仕事の内容、仕事の目的を的確に伝えることができません。最近、私はこれを特に意識してやっています。

単に「自分の仕事の一部を手伝ってもらう」というときの依頼の仕方と、「この人を育てたい」「自分がやっていることから学んでもらいたい」というときの依頼の仕方は違うと思います。

自分の仕事の一部を手伝ってもらう場合は、納期をはっきり言うようにしています。このケースの場合、手伝ってもらう相手もほかに仕事を持っているはずですから、「いつ頃までにこういう仕事が発生すると思いますので、よろしくお願いします」というふうに、あらかじめ言うことを心がけています。

一方で、育てたいと思っている場合の例です。最近インディゴブルーに仲間として入ってきてくれた人がいて、その人には全体像をわかっていただくために、「この仕事の狙い」というメモを渡しました。

具体的には、「全体の狙いは○○で、A→B→Cという順番でおこないます。それぞれの狙いは○○ということです」というメモを読んでおいてもらい、ミーティングの中で解説するようにしています。実際には組織編成のワークショップみたいなことをやっていくのですが、ワークショップが終わったあとで、感想や気づきを聞いています。これはワークショップをリードする私のリフレクション（振り返りを通じた学び）にもなっています。

ここでのポイントは、**口頭ではなくメモを渡す**ということです。
まずメモを渡したうえで口頭で伝えます。

口頭で伝えるというのは、空中戦ですから、言っているそばから情報が消えていきます。つまり、「わかったつもり」になってしまいます。その時の雰囲気で「そうですね」とわかったつもりになるので、あとで何回もやり取りしたり、書き物を渡したりすることになって余計な手間と時間を要します。そうするとこちらも依頼された側もペースが崩れ、お互いに気持ちが折れたりすることにもなりますね。そうなるくらいなら、最初にメモを読んでもらっておいて、そのあと口頭で話したほうが間違いないと思います。

これはクライアントに対する場合も一緒です。もちろん家族でも一緒です。

「それ、言ったじゃん」ということにならないためにも、重要なことは、メモなどを渡したうえで口頭で伝える、というふうにしたほうがいいと思います。余計なトラブルを回避できます。

22 部下を正しく評価する

これまでにいろいろな会社の人事評価制度を、それこそ何百とつくりましたが、「評価」というのは難しく、完全なものというのはないと思っています。ただそこには大原則があります。**それは評価する側と評価される側が共通の認識を持っていることです。**

自分はこういうことを期待しているんですよ、というリーダーとしてのメッセージがあり、それを相手が事前に聞いている。つまり、あと出しがないということが非常に重要です。

ただ、私は、いままで評価制度をたくさんつくってきてはいますが、究極的には評価表で評価しないほうがいいと思っています。

そんなものはなくても日常的に何かあれば、双方で確認し合う、話をする、このことができれば、そのほうがいいんじゃないかと思っています。評価表より日常のコミュニケーションが大事です。

23 教育で部下の成長をあと押しする

部下の教育という点で気をつけるべき気くばりがあります。それは相手のレベルを意識して水準を設定するということです。相手がベテランであったり、優秀な人であればあるほど、自分の水準を標準にしてしまいがちです。

自分と同じ水準を相手に求め、それができないとよくない評価をしたり、直接相手に怒ったりするということになります。これは、自分中心になってしまっていて、相手中心になっていません。

相手の現在の水準を考えたときには、いずれA地点までたどり着いてほしいけれど、いまはB地点まででいいでしょう、というラインを設定することが大事です。

人を育成するときに大事なことは、「飢餓感」と「屈辱感」だと思っています。まず「飢餓感」というのは、お腹がすいている状態にするということ。部下自身に、「すごく学びたい」という意識がないと、結局やっつけ仕事になってしまいます。それでは全然身につかないので、そこは無理せず段階を踏ませます。

そこでもっとやりたいという気持ちが出てくるようだったら、その次のステップを出していくというようなことができたほうがいいと思います。あるいはもう一定のラインを超えたら、むしろ教えないということもありえます。教えないけれど、すごくいい仕事の仕方を見せて、部下に「あんなふうに仕事ができるようになりたい」と思わせるというテクニックです。

一方の「屈辱感」というのは主に優秀な人の場合です。自分ができると思ったことが全然できなかったとき、「くそー」となりますが、逆にその屈辱感がそのあとに伸びる力になります。

優秀な人、伸び盛りの人にはあえて難しい仕事を与えたりします。その場合、仕事がうまくいく、いかないというよりも、そのプロセスを通じてより高度なことを学んでほしい、気づいてほしいということで仕事を任せるわけです。

一番効果的だなと思うのは明らかにその人よりすごい人、優れている人に会わせてあげることです。他流試合ではありませんが、異業種交流会や会社間での学びの場を企画して交流するのも部下の育成、成長につながります。

CHAPTER 4

上司編

24

上司や先輩とも自然体で付き合う「ほどよい距離感」

先輩や上司にどんなふうに接したらいいのかわからず、つい距離を置いてしまう。何か話しかけられても当たり障りのないやり取りしかできない。そんな人が多いように思います。

人との距離感をどう取るかが可愛がられるポイントになります。

「こんなふうに言うと気を悪くしないだろうか」とか「自分がどう思われるだろう」と、考え過ぎて距離を取り過ぎると、相手には何も伝わりません。そうかといって、いつも近くでヨイショせよということではありません。

先輩や上司に限らず取引先や社外の関係者とも、本当はもっと深く話したいけれど、どこまで入っていいかわからないというケースもあると思います。

そんなときに大事なのは、「**自分をよく見せようと思わない**」ということです。ただそれだけです。それ以外には当たり前の礼儀やマナーを外さなければ、特に気を遣い過ぎなくてもいいのです。

とはいえ若いときは、どうしても相手によく見られたいとか、舐められたくないという意識が働きます。私もそうでした。ただ、そこで格好をつけようとしていたときほど、いまから思えばかえって自分がうまく出せていないことが多かったように思います。

人との距離がうまく取れないと悩む人は、多くの場合「自分がよく思われたい」と思うあまり緊張し過ぎている状態。つまり、自分のことに意識が向き過ぎている、閉じた状態になっているのです。

自分はいつも通り自然体でいよう。そう考えると、不思議なぐらい緊張せずに人と接することができます。こちらが自然な感じで上司や先輩と過ごす時間が増えると、相手から理解してもらえるようになります。

人との関係をよくするには、「時間」の共有が鍵になります。

そのためには仕事以外で付き合う時間をつくることです。最初から自分で誘うことにハードルが高いと感じたら、同僚と一緒に誘うのでもいいし、その相手と仲のいい人に間に入ってもらうというやり方もあります。

25 伝える意識と努力

部下や周りの人に対して自分が持っているイメージを、正しく相手に伝える。どんな場合でも、努力を必要とします。伝わらないのは多くの場合、相手が悪いのではなく、伝える側の問題です。

「おーい、あれ（持ってきて）」という指示だけで、的確にその「あれ」を持ってくる某社長の秘書がいますが、これはかなりの特殊能力です。非超能力者としては「伝え方」を意識したほうがいいに決まっています。しかも、ビジネスの世界ではいかに短い時間で伝えるか。ここを強く意識しましょう。

「エレベータピッチ」という言葉を聞いたことがあるかもしれません。大企業のお偉いさんたちはビルの最上階にオフィスがあることが多く、アポはとれないけれど同じエレベータに乗り合わせれば最上階に着くまでの1分間は話ができる。その1分で「詳しく話を聞かせてくれ」と言わせるような提案をすべし、というのが「エレベータピッチ」です。

いまは1分というとドバイのビルの最上階くらいになってしまうと誰かが言っていましたし、セキュリティの問題で同じエレベータに乗れませんから、もはやこれは伝説です。

ただし、「1分で伝える」はいまでも有効です。**1分で自分の考えを伝える、1分で全体がわかるメモを書く。**これらをあなたの部下を含め社員全員が意識するようになると組織内コミュニケーションのレベルが格段に上がります。余計なことをたくさん伝えてしまうと、主たるメッセージがぼやけてしまい、伝わらないのです。伝わらないために余計なやり取りが増え、感情的な問題に発展することも少なくないのです。1分で伝える努力、これも上司や周りの人への気くばりのひとつと言えます。

26 あえて苦手な上司に飛び込む

苦手な上司というものは誰にでもいるものです。

特に言い方が激しいと、「うわー、苦手！　攻撃されてる！」と思ってしまうことが多いのですが、上司にしてみると相手を攻撃している意図はないということもままあります。

苦手だなとか、いわゆるハラスメントになってしまいそうな上司に関しては、**自分から懐に飛び込んで時間を共有する**ことを意識したほうがいいと思います。

嫌いな人であればあるほど、近くに行って、その人の話を聞くとか、そういうことをしていくと上司がなぜそういうことを言っているのかがわかります。ハラスメントだと感じることも少なくなると思います。

私が京王プラザホテルで、宴会のウェイターとして働いていたときのことです。毎日違う先輩につくわけですが、先輩たちは現場のたたき上げみたいな人たちが多く、中には怖い人もいるわけです。怖い人といっても、怖がらせたいわけではないのだと思いますが、見た目であったり喋り方が怖いのです。

私は、そこであえてその人の懐に飛び込んでいこうと、その人と組むことを志願する、その人とお昼ご飯を一緒にさせてもらう、できるだけその人と会話をするということを意識していました。そうしていくうちに段々その人との心理的距離が縮まっていきました。

きついことを言われても何とも思わない、ましてやハラスメントとは感じない、というふうにはできてきたかなと思っています。その後もずっとそのようにしています。

それでも中にはとんでもない人はいるので、その時にはできるだけ距離をとって逃げる、なるべく会わないようにします。特にサイコパス系の人には近づかないほうがいいでしょう。

27 上司への報告を工夫する

だいたいの会社では上司というのは忙しい状態にあります。忙しいので、たとえば1週間前に上司から、こういうことをちょっと調べておいてねと言われてそれを持っていったとしても、上司は、1週間前にお願いしたことを忘れている可能性があります。忙しいので上司の頭はいろんなことが上書きされていくし、状況が変わっていることもあります。忙しい上司に対して、効果的な話し方があります。

「そもそも何が問題で、これを決めてほしいのですよね」
「決めるにあたっての論点はこういうことですよね」
「選択肢がA、B、Cとあります」
「その中で私はAが一番いいと思います」
「なぜならば……」

と、こういう順番で言ってもらえると聞く側(上司)としてはものすごく助かるのです。これは、**意思決定者が必要な5つの流れというストーリー**です。私はカルチュア・コンビニエンス・クラブ(CCC)のCOOをしていたときに一時的に私にレポートする人が87人いたことがあるのです。そうすると1人あたりのアポの時間が20分。それを朝から晩までやっているわけです。次から次へパワーポイントをつないで投影して説明しようとするのですけど、中にはパワーポイントの数がたとえば50枚とか書いてあるわけです。

それで、「ここに50枚とあるけど、20分で大丈夫？」と聞くと、「早口で話しますから大丈夫です」みたいな答えが返ってきて、20分の時間のうち19分ぐらい説明をされます。そうなると、そこで何かを決めるなんて、まったくできないわけです。

だいたい上司に20分の時間をもらったら、説明は10分以内です。半分以下です。半分以上の時間をディスカッションに当てるという時間構成でいかないと絶対に通りません。どんな場合でもそうです。

上の人への説明で炎上する原因は内容ではありません。何を言っているかわからないということで炎上することが多いのです。そうならないための工夫として、「意思決定者が必要な5つの流れというストーリー」に沿ったこのやり方をおすすめします。

なお、このストーリーの流れを報告者に実行してもらうことで、当時CCCでは残業時間がめちゃくちゃ減り、会議の時間もものすごく短くなりました。つまり、2回3回と検討を重ねていたものが、1回で決まるようになったので、会議の総量が減ったのです。さらにパワーポイントの資料も50枚ほどつくっているのを5枚までに制限したのも奏功しました。

また、上司にアドバイスを受ける際にも意識しておきたいことがあります。すべての上司は「担当として、あなたはどう思うのか？」と聞きたいものです。自分の考えを持ったうえでアドバイスを求めるっていうことをしないと、アドバイスを求めにいったのはいいけれど炎上するということになってしまいます。

本当にわからないのでアドバイスを求める場合でも、「〇〇ということじゃないかと思うのですけど」という程度のアイデアは持っていったほうがいいと思います。手ぶらで行かないということを意識してください。

28 上司や目上の人との飲み会

上司と飲みに行く場合も、クライアントを飲みに誘う場合も基本的には同じだと思います。**「ちょっとお時間いただきたいのですけど、いいでしょうか」というような感じで少し下手に出て誘ってみましょう。**「どうしてもご相談したいことがあるので時間いただけないですか」と言うと「嫌だよ」という人はまずいないと思います。予定があったとしても

「今日はちょっとダメだけど、明後日はどうかな」というようには答えてくれると思います。

昔、アクセンチュアの元パートナーでそれがとてもうまい人がいました。当時、大手戦略コンサル系の人というと、頭のよさを訴求してお客さんに接するイメージがありました。しかしその人は「ご相談したいことがあるのですけどお時間いただけませんか?」と下手に出て、クライアントから「あっ、そうなの、じゃ時間つくるよ」というふうにやっていました。この人の声がけでいろいろな人の心のドアが開いていくのを見て、こういうふうに接するのもアリだなと学びました。

話を上司との飲み会に戻します。上司に限らず、クライアントでも同僚でも、相手のことをわかる限り調べ考えて、それに合った形で食事なりサービスが提供されるようにアレンジしましょう。宴席の気くばりです。

宴席での気くばりというと、お酌をすることが気くばりみたいな感じになっていますが、それには違和感を覚えます。ある特定の世代以上の人はそれを期待しているところもあるようなので、そこは相手とTPOを見ながら臨機応変にということになります。お酌をすると言っても飲みたい人もいれば、そんなに飲みたくないという人もいますから。

レストラン側に助言することもあります。それなりのレストランに行くと、店の人が料理の説明をしますよね。特に和食などですと、1品ごとに「これは○○でございます」とか。会食をして話をしているのにそこに割って入ったり、明らかに「待っているんですけど」みたいなオーラを出して立っているケースがあります。店員が上司から「料理の説明をせよ」と言われているのはわかります。ただ、それはお客さまに対する気くばりを欠くことになってしまいます。

メニューを用意しておいてもらえば、その料理が何かはわかりますし、事前にアレルギーの情報は伝えているので、それも問題ないはずです。正直な話、そこで、「これは○○でございます」みたいな説明をされなくても、会食は進行するわけです。

一方で説明してもらうことによって、「そうなんだ」と、よりおいしくいただけることもあるのは否定しません。そのほうが多いかもしれません。ただ、会食の最大の目的は話すことなので、それに水を差すようなやり方はよくないということをわかってもらいたいのです。そこを踏まえてこそ、お客さんに対する気くばりになるからです。

29 上司へのメールを工夫する

上司は部下から長いメールがきたら会いに行くべし。これを実践している人も少なくありません。

会いに行くと言ってもスケジュールの関係からすぐには動けない上司もいます。ですから長いメールを書かないようにします。**さわりを書いて「ぜひお時間をいただきたいのです」というかたちで終えておくのがよいでしょう**。それが忙しい上司に対する気くばりになります。

どんなにちゃんとしたものを書いたとしても、意図が100%伝わるかというと難しいと思うのです。特に感情に関わる部分というのはなかなか伝わりにくいものです。

どの程度深刻なのかということも伝わらない。だからそういうものをちゃんと伝えたいと思ったら、メールはあくまでもきっかけにして、「直接お会いしてご説明させていただきたいのです」とお願いするのがよいでしょう。仮に5分の面談でも全然違うと思います。

あとはあまりに丁寧な慇懃無礼のような文体で書くと、逆に何か腹に一物あるのではないかと普通は思います。普段はそんなにかしこまってやり取りをしていないのに、すごいかしこまった内容のメールが来ると、すごい距離を置こうとしているなという感じが漂います。

丁寧さを欠かない程度に、フランクなメールを書くのがよいでしょう。

30 自分の役割を意識する

上司と話をするときの気くばりもあると全然違います。あなたが上司から何を期待されているのかを確認するのがおすすめです。自分の思い込みで「こうだろう」と思ってやっていると、そこには必ずといっていいほどズレが生じます。

たとえば、これからあなたと上司が打ち合せをするとしましょう。よくわかっている上司であれば打ち合わせの前に内容の全体像を描いたメモを渡してくれます。よくわかっている部下というのは、その時点で「**この案件で私に期待されていることは何でしょうか**」、と直接確認します。その確認があると、この部下は気くばりができていると評価されます。お互いの役割について話がしっかりできるので、打ち合わせにズレは生じません。

リーダーは中間管理職として上司と部下の人間関係的な気くばりにも目を向ける必要があります。

上司と部下では利害が対立することがあります。そんな場合、中立的な立場で落としどころにファシリテートしてくれる人がいると、とても助かります。

トラブルが発生したときも第三者的な立場からすべての関係者の話を聞くのがよいでしょう。トラブルをそのまま継続させたいと思っている人はいないはずですが、それぞれのエゴやプライドがあります。なかなか振り上げた拳を下ろせない状態になっていることが結構あります。それを下ろせるようにうまく誘導していく役割も中間管理職には期待されます。

そこで誘導するときのスキルとして**パラフレーズの応用**があります。

パラフレーズとは相手が言っていることを咀嚼しながら整理して繰り返すことです。この整理の中で主張を少しずつ変えて利害が相反する両者を近づけていくというものです。ちょっとずつ近づけていき「あれ、実は同じこと言っていませんか?」と話します。

この手法は私がファシリテーションをするときによく使います。たとえば、明らかに買う側と買われる側で、利害が相反してああだ、こうだと言っている場合、少しでも近しい発言があったら、

「この点に関しては○○とおっしゃっていますが、これは××という意味で、こちらも××という意味なので……。あれ! これって同じことですよね」

こうした会話の流れの中で確認していく。確認できたら、

「もうこの点はいいですすね」と言って一歩前へ(次の案件へ)進めていきます。

31 仕事の断り方を工夫する

上司から言われた仕事を断る、これは精神的にも心理的にも難しいのですが、気くばりがあればうまく立ち回れるかもしれません。

「すごくその仕事をやりたいのですが、うーん……。いやあ……。そうですね……」と前向きな気持ちを伝えつつ、引き受けるのは難しいニュアンスを醸し出すのがよいでしょう。

すると、向こうはニュアンスを察して「いやあ、それなら、ほかの人にお願いするよ」とオファーを引き下げるでしょう。

「いやそうですか、いや、でもこの機会を大事にしたいのでやりたいのですけど……」とさらにフォローするのもよいかもしれません。「○○という理由で、できません」と、ストレートに断るのはよくありません。

特に、上司が自分のことを成長させたいとか、何らかの意図があって仕事を依頼している場合に簡単に断られると、「なんだ！　俺の思いを無下に断りやがって」と、怒り出す人も中にはいるかもしれません。だからその想いはちゃんと受け止めているという気持ちを出しながら、でもご迷惑をおかけしてしまうので……というふうにして断るほうがいいと思っています。

32 敬語を軽く考えない

いまどき、そんなに敬語なんて堅苦しく考えなくてもいいのでは？　そんなふうに思っている人もいるかもしれません。

たしかに、プライベートな関係ではあまり年齢や立場も関係なく、タメ口のやり取りをすることもあるでしょう。むしろ、そこで敬語にこだわるとコミュニケーションが逆に変になることもありますし、いつまでも仲良くなれないという問題も起こります。

しかし、仕事の場では、やはりいまも敬語は生きています。その場では指摘しなくても、実は結構気にしている人は多いのです。

仕事のやり取りをしていても、相手の敬語の使えなさが引っ掛かってしまうと、そちらに気が向いてしまって肝心のやり取りの中身が入ってこなくなるのです。

本書は、正しい日本語の使い方を教えるものではないので、詳しくはほかの本やネットで調べてもらったほうがいいのですが、まず必要なのは自分が何気なく使ってしまっている言葉が正しいのかどうか「気にしてみる」ことです。

あるとき、若い人から「ある経営者を柴田さんに会わせたい」というメールが来ました。一部を変えていますがこんな書き出しです。

《突然ですが私の友人で柴田さんに会わせたい人物がいます。
ご興味あるようでしたら○○さんにお伝えします》

ひどく変ではないものの、気になる書きぶりです。本当なら「会わせたい」ではなく「ご紹介したい」か「お引き合わせしたい」と書いたほうがよかった。「ご興味あるようでしたら～」の部分は日本語として変です。本人にもそう伝えました。そのためか、彼のその後の敬語の使い方には何も違和感がなくなったように思います。

私自身は、普段から細かく指摘するわけではないのですが、敬語が気になって印象を悪くしてしまうこともあります。そうならないためにも、どこかで上司や先輩にチェックしてもらって「気づけてよかった」と思えるような機会があったほうがいいでしょう。

33 上司をマーケティングする

あなたが役に立つ存在として認められ、仕事を生み出せるようになるということは、一部でも上司や先輩の代わりができるということを意味します。

仕事の流儀を身につければ、絶対に誰でもそこに到達できます。そのときに重要なのは本書でもたびたび述べていますが「ゴールを共有する」こと。そのために距離を取り過ぎずにキャッチボールを何回もやることです。

上司があまりに忙しくて、そんな時間を取ってもらえない、上司がそもそもつかまらないというときはどうしたらよいでしょうか。

上司が忙しいのだから仕方ないと考えずに、上司のマーケティングをするのです。

上司はどんなことを求めていて、何が足りないと感じているのか。そのために必要なのはこれだろう。そういうあたりをつけて、こちらから上司を捕まえます。

これは顧客に対するマーケティングと同じ。ただ待っていても仕方ありません。顧客のいるところにこちらから出向いて情報収集したりインタビューするように、上司のもとに出向いていていろんな確認を直接してみます。

別に上司の邪魔をしようというわけではなく、よいアウトプットをするためなのですから本質的にはOKしてもらえるでしょう。

私が、そうしたやり方を覚えたのは大使館時代。大使や公使は分刻みのスケジュールが入っていて、なかなか捕まりません。そのときに、大使や公使が移動する車に一緒に乗って移動時間に情報共有や確認を取っていた書記官がいたのです。

これはいいなと思って私も真似をしました。よほどの要人と一緒でなければ失礼でもなんでもありません。仕事をうまく進ませるためにやっていることなのですから。

のちのCCC時代には、今度は逆に私のほうが移動中に打ち合わせをメンバーからしてもらっていました。極端な場合には、エレベータで24階から34階に移動するほんの数分で報告を受けて指示を出すというような具合です。

同じことを真似してくださいというのではなく、大事なことはそんなふうに上司をマーケティングして「こんなふうにやってみました」というのをくり返しているうちに、自分のやり方が固まってくるということです。

厳しい上司であっても、逃げたりあきらめたりせずに自分から付き合っていくことが大事です。

私も昔、京王プラザホテルの勤務時代には、苦手なかなりコワモテの厳しい上司がいました。

当時の私の仕事は宴会場サービスですからお客さまが食事をしている時間が自分たちの仕事。宴会が重なるときには間隙をぬって食事に行くのですが、それすら難しいときもあるのです。

それでも、比較的やさしい上司に恵まれた同僚たちは「いまのうちに食事に行ってこい」と言ってもらえるのに、私の上司だけは言ってくれない。食事に行きたいときに限って姿を消すのです。さすがに限界なので、あるとき目を盗んで従業員食堂にダッシュして、文字通りかき込むように食事して戻ったら、そんなときに限っていつもは姿を消すはずの上司がいる。「何やってるんだ！　誰が食事に行っていいと言った！」と叱られました。

こっちも限界でしたので言い合いになりました。しかし冷静に考えれば上司とケンカしてもいいことはないのです。

それからは逆に、自分のほうからその上司になんでもなくても接触するようにしました。すると、徐々に、上司のほうからもいろいろ話をしてくれるようになり、食事も普通に行けるようになったのです。

このとき学んだのは、**どんな苦手な上司でも逃げてはいけないのだなということ。**

この気持ちを持ち続けてください。必ず報われます。

CHAPTER 4

同僚編

34 近過ぎず遠過ぎない関係を築く

マーサージャパンの社長時代の話です。年に2度ほどアジア地域の各国の責任者が集まる機会がありました。全員カントリーヘッド（国の代表者）ですが、同僚のようなものです。当時、アジア地域の中で日本が最も売り上げ規模が大きかったこともあり、日本の動向が注目されていました。またアジア地域の中でのプロジェクトが立ち上がると、私に要職が回ってくることが多かったです。

このときに最も気をくばっていたのが、売り上げが大きいからといって他国の代表者に対してマウントしない、偉ぶらないようにしようということです。むしろその逆で宴会の幹事を引き受けたり、進んで盛り上げ役をやったりしていました。会議終了後の二次会的な場にも進んで参加していました。

同僚といっても組織内での実績や役職によって力関係が生まれがちです。それにより、心理的な距離感が生じがちです。その力関係を同僚との関係性の中に持ち込まないようにしていました。あくまでも、人と人との裸の付き合いに終始しようと試みていました。マーサーを離れて15年以上経ちますが、当時の同僚とはいまでもつながっています。

逆の立場のときもありました。40歳代のころに経済同友会の集まりに参加していました。軽井沢での合宿討議や特別プロジェクトにご招待いただくと、まさに周囲は誰もが知っている著名な経営者たちばかり。当然年齢も私より上の方ばかりです。ただし、そこで変に卑屈になったり、遠慮するのはやめようと思っていました。その方々は、肩書きではなく個人として同友会の集まりに参加しているわけで、ここでは肩書きも年齢も関係ないと意識して動くのがいいだろうと思っていました。もちろんリスペクトや礼は払うわけですが、過剰に意識しない。**これにより、遠過ぎず、近づき過ぎない、適度な距離感を維持できたと思います。**

35 同僚同士が仕事を進めやすい環境を整える

同僚同士が仕事をしやすい環境をつくっておくと、のちのちの仕事がうまくいきます。

グローバルに事業を展開していたマーサーではこの点を意識した活動がおこなわれていました。当時世界に1万8000人ぐらい社員がいる中で、250人ぐらいがワールドワイドパートナーと認定されていました。私もそのひとりでした。

当時、年に1回、ワールドワイドパートナーミーティングがありました。250人を世界のリゾート地に集めて、1週間遊ぶのです。さすがに初日と最後には業界の展望や戦略など真面目な話もします。しかし、活動の中心はみんなでバーベキューしたり、テニスしたりサイクリングしたり、気楽におしゃべりしたりする時間です。

時間や場を共有することで、仲間意識が生まれます。

たとえば、急にブラジルの案件をやらなくてはいけないときに、このミーティングに参加しているので、すぐにブラジルのパートナーにコンタクトをとり案件に取り組むことができます。こういう環境づくりを会社が意図的に設けてくれていました。これにより、日常的に接してない人とも何かあれば、同僚として仲間として、近しい距離で仕事を進めていくことができました。

日常的に接していない人たちが集まってプロジェクトに取り組むときにはこうした場づくりが必要です。意識的にアイスブレーキングの場をつくりましょう。これにより、メンバーが気兼ねなく自然に仕事ができる環境が整っていきます。同僚同士がうまく交流できる、仕事が進むためのリーダーの気くばりです。

36 人と人をつなげる

かつては気の利いた管理職であれば普通にやっていたのですが、いまはやることが多過ぎて、人と人をつなげるというところまではとても手が回らないと悲鳴を上げている管理職が多いように思います。**ここは会社主導で対話を促進していく施策を講じることをおすすめします。**

かつて管理職が善意でやっていたものを、役割として抜き出して、それを専門にやるという人を置く。組織開発担当です。これは組織をよくするための経営側の気くばりです。

このモデルは外資系ではお馴染みのモデルです。国も地域も別、そもそもの文化、言語も違う、そういう人たちをつなげていく役割を担う組織開発担当の人事VPという役職があります。その人は各オフィスを回って1年中〝旅行〟をしています。旅行と言っても観光をしているわけではなく、訪問するオフィスで社員の話を聞き、〝この人とこの人を引き合わせたら面白い化学変化が起きるはず〟、〝同様の案件を手掛けているので良き相談相手になるのでは？〟とオフィスや国を越えて人と人をつなげています。

社内SNSの活用により以前よりも自律的に人と人がつながるようになりましたが、そこに双方の人を知る人が介在することで、そのつながりがより確実なものになります。

日本は地域的にも距離的にも狭いわけですが、リモート環境も普及し社員も忙し過ぎる状況ということを考えると、外資系の人事VP的な役割が今後必要だと思っています。

ちなみに人と人をつなげるというのは私の趣味みたいなものでよくやっています。そこでつながった人間関係が私の介在を越えて継続しています。場づくりをした張本人としてはうれしいことです。

37 宴会は全力で

学生なら、苦手なクラスメイトでもみんなで一緒に活動する時間の中で、相手の意外な一面を発見したことがきっかけで仲良くなることもあるでしょう。社会人では苦手な相手は、何もしなければ苦手なままです。苦手だったり、どうアプローチすればいいのかわからない相手であっても、実はお互いにプラスの影響を与え合える相手かもしれません。

私がおすすめしているのは、飲み会やイベントの幹事を引き受けることです。幹事なんて荷が重過ぎると拒絶反応が出るかもしれません。あれこれ言われたり、面倒くさい展開になるのが嫌なのだと思うのです。それは単なる参加者であったとしても起こり得ることです。それならば、自分がその場をコントロールしてしまえばいいわけです。逆転の発想で幹事をやってしまいましょう。

何より宴会の幹事は自分のマネジメント力が鍛えられます。

日時の決定、場所の選定、参加者集め、当日の会の構成、急きょ予定が入ってしまって遅れてしまう参加者が参加できるようなフォロー、突発的に起こることへの対応、仕事にも共通するさまざまな要素が宴会には詰まっているからです。

それらをこなして、みんなが「あいつが幹事でよかった」「楽しかった」と思わせることができたら、メンバーからチャーミングな存在として認知されます。特に上司はあなたの幹事役を通じて発揮された気くばりを評価します。仕事面でも新たな可能性につながること間違いありません。

自分はそんなタイプではないからと思う人も、周りにいる「うまい人」のやり方を見て真似してやってみましょう。実はそんなに難しいものではありません。

38 冗談の影響力を知る

その場を楽しませようと、冗談を言う。それは悪いことではないのですが、仕事の場や組織の中では、冗談のつもりが時に思わぬ方向に転がってしまうこともあるので注意が必要です。

自分が軽い気持ちで言ったことが冗談として受け取ってもらえなかったり、本意ではないところで勘違いされたりもします。

特に、人をネタにして笑いを取るというのは無意識にやりがちです。人をネタにした冗談は内容や言い方によっては聞かされたほうも後ろめたくなってしまいます。

もし、人をネタにするのなら、本人がその場にいても一緒に笑えて許せてしまえるようなものだけにしたほうがいいでしょう。

それなら自分をネタにしたものなら大丈夫かと言うと、そうとも限りません。

ある男性はチームの女性をなごませようと自分の恋愛失敗談を披露しました。その場ではみんな笑ってくれたので「よかった」と思っていたら、あとから上司に「お前、チャラい男だと噂になっているぞ」と聞かされびっくりしたといいます。

しかし気をつけるのは冗談だけではありません。

別のある男性は、自分の上司からA社とのプロジェクトの担当者が代わったためプロジェクトの継続が厳しくなっているという話を聞かされました。

たまたま、その男性がA社の担当者の上司とつながりを持っていたので、これは伝えておいたほうがいいのではと、その上司に状況を話したのです。すると、なぜか話が曲解して伝わり「プロジェクトを降りたいと聞いたが、どういうことか」と、A社の上司から、直接彼の上司に深夜に電話がかかってくるような事態になってしまいました。

そのプロジェクトは先方の社長肝入りのものだったため、ここでプロジェクトが進まなくなったら責任問題です。その話は結局、誤解だったということで落ち着いたのですが、よかれと思って言ったことだとしても、思わぬ事態を招くことはよくあります。

もし、そうした話をするのなら、最後まで自分が対応してハンドリングできる状況にすることです。そうでなければみんなを混乱させてしまいます。

自分の言動の広がりを把握しておくことは必要なことです。

言葉の影響力というものを理解しておけば、思わぬ事故を招くこともないでしょう。

39 根回しは世界中にある

根回しの文化は否定的な文脈で見られることが多いようです。「日本人だけですよ、そんなことに時間をかけるのは」という人もいますが、そんなことはありません。

根回しは世界中どこにでもあります。

物事が進まない最大の要因は「**聞いてない**」です。自分が聞いてないのに勝手に物事が進んでいると、たいていの人は機嫌を損ねるものです。その人がその案件へのモチベーションが高ければ高いほど、「聞いてない」はネガティブに働きます。

事前に相手の耳に少しでも入れておくのはとても大事なことです。当事者からすれば、いきなり言われても困るものです。事前に話を聞いていればいろいろ考えることもできます。

こうした情報は相手が受け取るタイミングも重要です。

ほかの人よりも前に受け取ってもらうことで「自分が大事にされている」と感じてもらうこともできます。かつてメールやグループウェアなどがなかった時代は、そうした情報の出し方で管理職は人をコントロールしていました。

システムやネットワークが整ったいまであっても、本質は変わらないはずです。

「君には特別に言うけれど」と耳打ちされると悪い気はしません。

この人に動いてもらいたいというようなキーパーソンであれば、なおさら会議でいきなり言うのではなく事前に根回しをしましょう。

そこで物事を進めるときに使えるのが「ＲＡＣＩチャート」というフレームです。

ＲＡＣＩチャートとは、プロジェクト内すべてのタスク、マイルストーン、成果物における役割と責任をメンバーに振り分けた表のことです。その際の視点が以下の４つです。

R：Responsible（実行責任者）

A：Accountable（説明責任者）

C：Consulted（協業先、相談先）

I：Informed（報告先）

物事が進んでからネガティブサプライズが起こらないようにするには、この4つのポイントを事前に押さえておくことが有効です。

関係者全員が集まる意思決定会議の前に、影響力がある一部の人への根回しで物事の成否が決まってしまうような根回しは、それこそ根回しをされていない人にとっては「聞いていない」となります。そういう根回しは避けるべきです。あくまでも、限られた会議の時間の中で関係者が状況を正しく理解し、かつ気持ちよく議論するために根回しをするように心がけましょう。

40 かっこいい〝あいさつ〟をする

「おはようございます！」「こんにちは！」とあいさつしてニコッとする。「なんだあいつ。元気なだけが取り柄だな」そう思われてもいいのです。

そもそも、気持ちよくあいさつされて「嫌だな」と思う人はいません。もし、いたとしてもその人は相当な変人か、よほど何かネガティブなことを抱えている人なので気にしなくていいでしょう。

時々、自分があいさつしているのに相手が返してくれないケースもありますが、それでもめげずに続けましょう。自分が何かしたのかな、嫌われているのでは？　と考えがちですが、そういう人は誰に対してもそうなので、これも気にする必要はありません。

という私も、最初はちゃんとあいさつができませんでした。

自分でいうのも変ですが内向的な一面もあり、誰にも気づかれずに黙って仕事に取り掛かるほうが楽だったからです。

変わるきっかけになったのはホテルでの新人時代、当時の総支配人のあいさつがとても魅力的だったことです。誰に対しても、ニコッと微笑んで、

「おはようございます」

とあいさつする姿がカッコいいと思いました。

それを真似するようになると「なんだ、こんなにあいさつは万能なのか」と思えるように

なりました。世界中、どこに行っても笑顔であいさつするだけで受け入れてくれる人が増えることに気づきました。あいさつのパワーを体感した瞬間です。

たとえ、よく知らない相手であっても軽く会釈するだけで、少なくともお互いに無駄な警戒心を持たなくて済みます。

これは微表情の研究家に教えてもらったことですが**「表情をつくると気持ちもついてくる」**そうです。

落ち込んでいたとしても、まず笑顔をつくってみる。大変なときでも、こちらから相手に笑顔であいさつすると、向こうもぎこちなくても笑顔であいさつを返したくなるのですね。

逆に、こちらが仏頂面でブスッとした顔を向ければ、かなりの確率で同じような態度が相手から返ってきます。自分がつくりだしたもので相手からプラスやマイナスの、両方のエネルギーをもらっていることを忘れないようにしましょう。

CHAPTER 4

顧客・取引先編

41 取引先に誠実でいる

ひとりの社員の行動がその会社のイメージを棄損します。経営者が知らないところで、下請けや取引先に対して不誠実な態度をとっている人がいるかもしれません。特に大きな組織になると上の目が行き届きません。これは要注意です。

かつて知り合いのベンチャー企業でこんなことがありました。某大企業の担当者が商品の納品を強制。土日関係なく1日に何度もCEO宛に電話がかかってきたそうです。発注書を依頼したところ、「うちの会社は始めたことをやめない会社。いままでも発注後からだけど必ず（発注書を）出しているでしょ。それにうちと取引できることは価値になるから」。その言葉を信じて必死に商品を用意したところ、連絡がとれなくなり、挙句の果てに案件がなくなったと納品を拒否されたそうです。

やり取りのメールが残っていたので会社に正式にクレームしたところ、担当者が異動したとのことで、けんもほろろな対応。この時点で相談を受け、私がその会社が所属するホールディングスの社外取締役に事態の解決をお願いに行ったのですが、「あまりにその手のことが多いので、訴えてもらうしかない」と言われて絶句した記憶があります。当然ながら、法廷闘争に耐えられるだけの体力がベンチャーにあるわけがありません。泣き寝入りです。酷い話です。

また、ある会社では取引先の企業から請求書で依頼している日付までに入金がなく、担当者に連絡したところ、「あ、すみません、処理を忘れました。来月でいいですか?」と言われたそうです。こんなことをされるとベンチャーは簡単に潰れます。

大企業も最初はベンチャーだったはずです。大企業になったのは先人たち、またはいまの経営者や幹部たちの努力の賜物だと思います。そこには「感謝」があったはずです。大企業になってから入社してきた人たちの多くは意識が違います。そこには「感謝」はなく、大企業に所属していることを、自分の社会的なステイタスだと勘違いしがちです。勘違いならまだしも、前述のような行動をとる輩が出てくると先人たちの努力が水泡に帰します。

悪しき行動は特定個人の問題ではありません。それを寛容してしまう風土がそこにあるはずです。目先の結果さえ出せば何をしてもいいという風潮、周囲がどんなに困っていても助けようとしないという姿勢、「うちの会社は……」という訳のわからないものを言い訳にする傾向……、これらがあるはずです。

これを放置しておくと、イメージの悪化に留まらず、かならず会社全体がおかしなことになります。そこにあるのは「自分さえ良ければいい」「自分ひとりくらい……」という集団的な無責任状態です。すべての企業不祥事の源はこれだと思います。ちなみに冒頭のとんでもない大企業は先日、巨大な債務超過状態にあることが発表されました。さもありなんと思います。

経営者のみなさん、課長層の言動に注意してみてください。上司への言動は問題ないはずです。部下、取引先（特に下請け）への言動です。一般社員、特に若手社員への課長の影響は大です。**部下や社外に対して気くばりのない不誠実な言動をとっていても、結果さえ出ていれば容認されていると「これでいいのだ」と、その不誠実が一般化します。**

42

お辞儀の意味するもの

たかが、お辞儀、されどお辞儀。馬鹿にできないと思っています。きちんとした相手にきちんと自分の気持ちを伝えること。特に目上の人であるとか、お世話になっている人に対して、しっかり頭を下げるということは人としての基本動作としてすごく大事なことです。その気持ちは相手にちゃんと伝わります。

ある人に、死ぬほど怒られたことがありました。

もう最終的にそのときは、「お前は破門だ」、くらいのことを言われたのですが、最後に本当に申し訳ないなと思ったので、しばらくその人がエレベータからいなくなるまでずっと頭を下げていたのです。本当に申し訳ないなと思ったので。

そのことをその人はずっと覚えておられて、その後、その人から電話があって、その関係性が復活して、現在に至っています。

関係性は再開し、久しぶりにお会いしたとき、お辞儀のことを言われました。だからきちんとお辞儀をすれば気持ちは伝わるのだな、とそのときからお辞儀の大切さを痛感しました。

またお辞儀の角度なども問題になりますが、よく言われる45度とか、私の場合、あんまりそれは意識していません。本当の意味でのお辞儀のときというのは、すごく感覚的なことで言うと、頭を下げたとき「音が止まる」といいますか、「空気が止まる」といいますか、あたりがとても静かになるのですよね。ちょっと抽象的ですが、お辞儀をするというのは、そういうことだと思います。

43 無理なお願いと気づかい

顧客に難しいお願いをせざるを得ないことがあります。主担当の交代をお願いするとき、予定していたイベントを欠席するとき、納期が遅れてしまうとき、間違いが発覚し、修正に協力してもらわないといけないとき……。

まずお願いをする前に顧客とどういう関係になっているかが重要です。関係性ができあがる前の無理なお願いはまず受け入れてもらえないものです。契約書を前にしたやり取りになってしまいます。それが想像できるとお願いそのものができなくなってしまいます。

無理なお願いができるのは、仕事を発注している側、仕事を受けている側という関係性ではない関係になっておくことが前提です。一緒にやっているパートナーという関係性になっていれば、無理な頼みごとであってもお互い様として話ができるようになります。

顧客から言われたことだけをやっているとパートナーという関係にはなりません。顧客の課題の当事者という意識を持ち、顧客の状況を十分に理解し、必要あらば苦言もする。そうした接し方をすることで真の仲間であると認識されます。こうした接し方をすることも気くばりです。**受託者として出過ぎないようにするのも気くばりですが、私の経験上、その委託者が上位層であればあるほど懐に入ってもらいたいと思っているものです。**

44 食事は「人に良いこと」

「飲みニケーション」という言葉があります。お酒を飲みながらコミュニケーションを図る、という意味です。昭和世代の方を中心にいまでも使われているようです。私自身はお酒は強くないので、「飲みニケーション」というよりも、純粋に会食をコミュニケーションの場としています。

コロナ禍もあって一旦影を潜めていたと思いますが、最近、少人数による会食が再評価されていますね。「食事」という文字は、「人に良いこと」と書きます。一緒に食事をしたり、盃を交わすのはとってもいいことだと思います。腹を割った関係性をつくる第一歩になります。

会食の設営は気くばりそのものです。これは相手が誰であろうと同じです。苦手な食材やアレルギーは何か。その人にとってアクセスがいい場所か。また、純粋に食事を楽しむのがよいか、食事プラスアルファのエンターテインメントを用意したほうがよいか。これらについて考えます。

こうした気くばりを具現化するにはお店側のサポートが欠かせません。気心が知れたレストランがあると百人力です。私の場合、溜池山王のアークヒルズクラブ（会員制）、青山のCasita、お茶の水の神田仏蘭西料理 聖橋亭、白金台の白金劉安、目黒のホテル雅叙園東京の渡風亭を長らく利用させてもらっています。いずれも期待通りの場をつくってくれます。お食事がおいしいのは言うまでもありません。

最近、私への会食のお誘いのスタート時刻を早くしていただくことが多くなりました。5時半、6時スタートです。私の生活スタイルが完全朝型であることへの気くばりです。ありがたいですね。

45 気くばりのある会食の設営

会食については、上司だからとか、顧客だからという役職で、その内容を変えることはなく、むしろその会で誰にスポットライトを当てたらいいかということを重視します。誰かのお祝いごととか、誰かを元気づけるとか、あるいはその誰かのサプライズのニュースがあるとか、これらを意識します。

席の設定はかなり重要です。気が置けない仲間との会食においては、上座・下座を意識させない場所を選びます。

トップと部長級に心理的な距離が大きい組織で、双方に腹の探り合いのようなことがあり、本質的な議論がなかなか進んでいないということがありました。そこで、トップと部長級を集めてランチ会を設けました。席はくじ引き、仕事の話はNG、肩書きで呼ぶことを禁止。誕生日が近い人がいれば、その人のエピソードに絡めたサプライズを企画します。トップもその意図をよく理解して、終始穏やかに参加してくれました。トップの上下関係をあえて意識させない気くばりです。1か月にわたるランチ会の結果、緊張感があった組織に笑いが戻りました。

46 プレゼントでの気づかい

お土産やプレゼントを渡す際に「つまらないものですが」的なことは言わないようにしましょう。つまらないものを差し上げるなんて失礼ですよね。**「あなたのことを思ってこれにしました。とても素晴らしい一品です」と言いましょう。**

お土産を用意する側は渡された側の会食後の動きをイメージします。お昼に会って渡す場合には、そのあと会社に戻ったり、取引先に行ったりするだろうことを想定し、大きな詰めものはお渡ししません。

どうしても大きなものを贈りたいという場合には追って送るということにします。小さいお子さんがいる人なら、ご家庭で召し上がっていただけるようなものにすることを心がけましょう。前にお贈りして喜ばれたものであれば、あえて同じものをお渡しするようなこともしています。

会食のような機会がなくとも「このお菓子が大好きな人がいたな」と思いだしたら「お好きだったと思うので」と添えてお贈りすることもしています。気づいたときにお渡しする感じです。

お歳暮とかお中元にはずっと否定的でしたが50歳ぐらいから考えが変わりました。お世話になった人にお礼を伝えるいい口実になると考えるようになりました。人生においてお世話になった人はいるものです。普段お会いすることがない恩人にお礼を伝えるいい機会がお歳暮やお中元だと思います。

47 さりげない気づかい

顧客を対象とするときでもそうでない場合でも、さりげない気づかいは人の心に残ります。ここでは、そのさりげない気づかいを紹介してみましょう。

手書きのお手紙は気持ちが伝わります。手書きでお手紙が書けたらいいなと思うのですが、もう長らく自分の手とパソコンが一体化してしまっており、元来の悪筆もあり、ここ最近はほとんど手書きの手紙は書いていません(言い訳ですが)。

それを実に上品にやれる人がうらやましいです。さりげなく、ちょこちょこっと手書きで書いて出されるというのはほんとうに素晴らしい。特に私が理事のひとりである一般財団法人 渡辺記念育成財団の理事長の渡邊万由美さんは、これが大変お上手です。何度も手書きのお手紙をいただきました。素晴らしいです。

さりげない気づかいといえば、会食でのお会計です。自分がご馳走するときは、会計をしているシーンを見せないのが基本です。馴染みのお店ですと、食事が終わったあとで請求を送ってもらうとか、相手をお送りしたあと、戻ってきてからの決済にしてもらっています。初めてのお店では、終わりの頃にトイレに立ったときに会計を済ませます。

普段使っているお財布は長財布で、比較的大きいものです。カバンから長財布を出していくとなると、会計に行くのがばれてしまいます。そういうときには、あらかじめ名刺入れにクレジットカードを入れておくようにします。カバンをガサガサしないで済みます。

一方で、会食に招待されている場合は、トイレへ長めに行き、相手が会計をしている姿を見ないようにしています。

CHAPTER 4

自分編

48 当事者意識を持つ

「柴田さんにとっての自由とは？　抽象的な質問で恐縮ですが、自由人になりたくていまの仕事をされているのでしょうか？（中略）柴田さんの自由のゴールは何でしょう？」

アラフォー以上の学び直しの場のPHAZEリカレントの中に「経験を言葉に」というプログラムがあります。受講生たちがこれまでの自分の人生を振り返り、15分程度のプレゼンテーションをします。それを聞いたほかの受講生たちが気づきや感想、質問を寄せるというものです。

PHAZEリカレントには、ほかにも「ポータブルスキル」「講話シャワー」「文献知の共有」というプログラムがありますが、この「経験を言葉に」が最も人気があるプログラムになっています。その最終回のプレゼンターは私です。タイトルは「言葉を経験に」。過去の経験談よりもむしろ、いまと未来にスポットライトを当てたものにしています。

講演の場で「過去の経験談」をお話しすることはありますが、「いまと未来」についてお話ししているのはPHAZEリカレントのこのプログラムだけです。

この中で、いまの自分は「自由人」でありたいと思っている、と発言したことから冒頭の質問が飛んできたわけです。これに対して、以下の回答をしました。

「私にとっての自由とは、嫌な人と一緒に仕事をしないことに尽きると思っています。社長となるとなかなかそうもいきません。いまはこれが実現できています。あるとき某社の社外取締役に就任したのですが……（中略）半年で辞任しました。一緒に仕事をするのが気持ちいい仲間とだけ仕事をする。これが自由人の理想形、ゴールかもしれません」

あの人と一緒に仕事をしたい、と言われる人になりたいと思ってきました。私が思う素晴らしいリーダーたちはみんなそう思われています。**いまは一緒に働く人についても「一緒にやりたい！」と思う人達とだけ仕事をしようと思っています。**その企業や団体と仕事をするのではなく、特定の誰かとするということです。

一緒にやりたいと思ったときには全力で関わります。自分が関わる以上、常に「当事者」として熱意をもって関わります。相手側にも熱意があるといいですね。お互いに信頼し、助け合う。とてもいい関係になります。この関わり方を意識してきて仕事を選んできたところ、自分史上最高に忙しくなっています。

一方で、残念ながら相手側に当事者意識がないことがあります。「誰かから言われたのでやっている」「仕事だからやっている」。こういう相手に遭遇すると一気に萎えます（自分の関わりをやめます）。

自分と一緒に何かをする人たち全員がその関わりの濃淡にかかわらず、相互に信頼関係があり、当事者意識をもっている。これが自由人ワールドのゴールだろうと思っています。

何かを買う、食事に行く、旅行する。これも同じです。誰から買うか、誰がいるところに行くか、なのです。実際、価格や機能、サービスで圧倒的に差別化されているものはそうありません。そうなると、判断基準は「ヒト」なのです。世の中、だんだんこの方向に向かっていると思います。

49 しっかりと睡眠をとる

思った通りに物事が運ばない。それがいくつも重なったときは要注意です。邪念がむくむく膨らんできます。特にメールやSNSがそのきっかけになっていることは多いかもしれません。心の中でその邪念を相手にぶつけ始めます。「わかってない」「未熟だ」「けしからん」。その状態で仕事をしているとろくなことがありません。言わなくてもいいことを言ってしまったり、メールでひどいことを書いてしまったり……。事態がさらに悪化します。それは家庭や友人関係にも悪影響を及ぼします。

やらなくてはいけないことがたくさんある。その中の1つ2つにつまらないトラブルが発生。単純だが細かい作業をしないといけない、もらったファイルが壊れている、PCがフリーズして作成した資料が消えた……など、そんなときも、邪念に脳がやられがちです。

こんなときは休みます。まずは**しっかり睡眠をとります。**

起きているときですが、もちろんメールは見てはいけません。PCにも向かわない。仕事から離れましょう。起きたら何か没頭できることをしましょう。だらだら過ごすのはダメです。邪念が忍び寄ってきます。運動が一番。部屋の掃除、農作業、陶芸、ゲームや映画でもOK。小劇場もおすすめ。いまの自分とまったく利害関係がない知人との会食もいいと思います。たくさん笑えると最高です。

1日お休みするだけでかなり違います。あんなに「けしからん」と思っていた相手のことを案ずることができるようになっているはずです。「あんな反応をしてきたのは余裕がないからに違いない。そのうち、こちらの意図がわかるときがくるだろう」と。脳から邪念が消えていきます。

邪念に侵されていても理性で邪念が表に出てこないように制御している人もいるでしょう。でもこれは危険。必ず心身のどこかに影響が出ます。メールを読みたくない（頭に入ってこない）がその初期症状。そのうち、会話が理解できなくなってきます。さらには身体を動かすのがつらくなり、ついには動けなくなります。

そうなる前に休みましょう。自分の身体は自分が一番よくわかっているはずです。

組織の中では中間管理職が最も邪念がたまりやすいポジションです。上司、部下、他部署、クライアント、思い通りに全然動いてくれません。働き方改革法からの要請、リモートワーク、DX推進、パワハラ防止法。どう考えてみても、無限ループの皿回し状態です。

管理職のリスキリングや生産性向上施策を講ずる前に休ませること。中間管理職の年代は家庭でも大忙しの人が多いです。会社の業務、または研修の一環として脳を休ませましょう。すべてはそのあとです。

かくいう私も少しやばそうになったときは休みました。ジョギングをしたくない、メールを見たくないモードになっている自分に気づいたのです。半日、メール、SNSに反応しませんでした。その半日の間にパーソナルジムでストレッチ、長風呂、お気に入りの演劇集団の公演を観劇。かなり回復しました。邪念は誰にでも忍び寄ります。邪念が悪さをする前になんとかしましょう。

50 仕事へのモチベーションを高める

「ヤダヤダ菌」。誰もがこの「ヤダヤダ菌」にやられることがあります。「ヤダヤダ菌」に感染すると、仕事に対するモチベーションが上がりません。集中力も落ちてきます。身体が重く感じられ、眠たくなります。イベント、クライアント対応、上司対応などピンポイントではそれなりの動きができますが、しょせん梅雨の晴れ間。テンションは上がりません。

この原因は、〝**手がついていない課題（やらないといけないこと）**〟**の存在**です。

靴の中に小石が入っていると全力で走れないように、それがどんなに小さなものであったとしても気になるものです。時間の経過と共にその課題感が膨らみ「ヤダヤダ菌」が発症します。

一番の解決策はこの〝手がついていない課題〟をクリアすることです。ただ、それまでに手をつけられないでいるというのはそれなりの理由があるはずです。面倒くさい、本来自分がやることじゃないと思っている、相手に言いにくい、時間を要する……などなど。まずは、「来週の金曜日の午後3時から5時の時間で片づける」のように手のついていない課題に取り組む時間を自分のスケジュールに入れ込みましょう。

いつやるかを決めると、それだけで「ヤダヤダ菌」が少し減ります。

スケジュールがぎっしり詰まっていて、いつ手をつけるかの見通しが立たない。こういうときは要注意。「ヤダヤダ菌」が増殖します。その状態を放置するとうつ病に発展する怖れがあります。仕方ありません。思い切って予定している何かをやめるか、誰かに代わってもらう。これしかありません。このとき、私生活の予定を取り崩してはいけません。私生活側では自分の代わりはいませんから。

手をつける時間を確保して対処する。スッキリするはずです。「ヤダヤダ菌」が消滅します。

手をつける時間を確保したが、締め切りはちょっと先である。こんなときには意図的に自分の気持ちが上がることを日常の中に取り込みましょう。そうしないと「ヤダヤダ菌」が増殖します。適度な運動は効果的です。好きなものを食べるのもいいでしょう。一番手軽なのは音楽です。自分の気分を上げる曲をiPhoneなどにいれておいて、移動中に聴く。気の置けない友人に愚痴を言うのもいいでしょう。しかし、だらだらと長い時間言うのはNG。あなたの悪い気が友人に伝染します。

実は私、この「ヤダヤダ菌」との付き合いが長いです。やりたいことがたくさんあるからです。気がつくと「いつ手をつけるか見通しが立たない」状態に陥りがちでした。無理をして倒れるということも結構ありました。「自分のスケジュールを見ると気持ち悪くなる」と私がつぶやいているのを近くにいる人は聞いたことがあると思います。そんなときは「ヤダヤダ菌」にやられていました。

最近はそうでもなくなりました。その秘訣は朝型に変えたことです。毎朝4時半に起床する生活に変えたことで、朝の1~2時間が自分へのプレゼントになりました。コロナの影響もあり、夜の会食がほぼなくなったことも幸いしています。インプットからのアウトプットを早くすることを意識して続けていることが、自分の処理速度を高めてくれています。

51 インプットとアウトプットの数をこなす

「天才とは1％のひらめきと、99％の努力（汗）である」。かのトーマス・エジソンの言葉とされています。

超一流と言われる人のお話を聞く度にこの言葉を思い出します。超一流の人たちのアウトプットは素晴らしいです。一方で、あの人がそこまでやっているのだ、と驚愕します。某著名クリエイティブ・ディレクターのリサーチ、某著名プロデューサーの雑談、某トップアスリートの練習。驚きました。

ただし、**超一流の人たちにしてみると、「そこまでやっている」のが普通なのです。無理をしていません。**

アウトプットと言ってもいろいろです。開発、プレゼンテーション、文章、何らかの作品というわかりやすいものから、会議での発言、とりまとめ、チームビルディング、これらも行動としてのアウトプットです。アウトプットはインプットしたものをスループット（自分の中で整理・統合）して出すものです。超一流の人たちには共通しています。

インプットの幅が広い、多様、そして鮮度がいい。スループットについては、とにかく早い。

インプットというと、頑張って本を読むとか勉強するというイメージがありますが、超一流の人たちのインプットはそうではありません。**いろいろな情報が入ってくる状態をつくっているのです。**日常に潜むありとあらゆることを有益なインプットにしています。情報感度が高いといえます。

「最近一番ビックリしたことは何ですか？」
「最近、泣きそうになったことはありますか？」

自分の感度を確認する簡単な質問です。

感度を高くしていると、ビックリすること、泣きそうになることがたくさんあるはずです。そうした場面がない、という人は感度が鈍ってきている証拠です。

感度を高める最良の方法は感度が高い人に触れることです。感度が高い人と話したり、一緒に仕事をしたり、食事をしたりすることで、自分の感度が鈍っていることに気づきます。その気づきが自分の感度のチューニングを1上げます。そのときがチャンスです。なんでもいいのです。やろうと思ったことをやる。それで感度が2上がります。

全力で何かをしている人の姿を見る。これも感度を高めます。オリンピックは最高の舞台です。特に金メダル獲得の瞬間の実況には心揺さぶられます。水泳の大橋選手が200メートル個人メドレーで金メダルを獲得したときの実況を覚えていると思います。テレビ朝日の野上慎平アナウンサーの「ものすごいことをやってのけました！」という言葉には心揺さぶられました。

スループットが早いのは数をこなしているからです。とんでもない数のアウトプットを出してきているからです。超一流の人たちは短時間の中で質の高いアウトプットを仕上げます。この力を鍛えるやり方があります。アウトプットづくりを意識的に毎日やるのです。

たとえば、会議の場でいろいろな意見が出ているものをさっとまとめて絵にしてみるのもよいでしょう。会議中という限られた時間の中であること、その場でつくったものを見せること。こうした実戦が最も効果的なスキルアップにつながります。

超一流から見ると、普通の人との差は「微差」だそうです。その〝微〟が感度であり、日々の鍛錬なのです。

どんなことでも自分ごととして考えることができる人と、自分の利益になることしか目が向かない人がいます。

優秀なプレーヤーも優秀なリーダーも、強い興味関心のベースを持っています。ただ、プレーヤーの場合は、それらの興味関心は自分の目的に合うものにだけ反応します。自分が仕事で評価されてもっと上に行きたいという目的を持っている人は、その目的達成に使えそうなものにだけに興味関心を向けます。

それに対して優秀なリーダーは、自分の目的に関係なく、いろんなものに「へぇ、そうなっているのか」「こんなものもあるのか」と幅広く興味関心が芽生えている傾向があります。

特に、顕著に表れるのが「ヒトへの興味関心」です。

優秀なリーダーは、いろんな人の変化によく気づくのです。私も、自慢するわけではないのですが、メンバーが髪型や持ち物を変えたら99％わかります。あまりにも忙し過ぎて気づかなかったということもあるのですが、ほぼ気づきます。

ホテルマン時代はいろんな現場の仕事を経験しましたが、その中でも宴会のウェイターでは「ヒトへの気づき」ということをたくさん学ばせてもらいました。

ホテルでおこなわれる重要な宴会では、お客さまが何を求めているか、お客さまに求められる前に察知して動くことが必要になるからです。

（あの人は爪楊枝を欲している）
（もうビールはいらないから、ほかのドリンクが欲しい）
（空いたお皿をさげてほしいみたいだ）

こういったことを、お客さまの視線やちょっとした挙動で学習していきました。そういう意味で「ヒトへの気付き」は先天的に持っていたものではなく、後天的に学習して鍛えられたわけです。その経験があとあとリーダーになったときにものすごく効いてきています。

もし、可能ならばリーダーを目指す人は、サービス業、接客業の経験をどこかでできればいいでしょう。相手が何を期待しているのかを感じて行動するホスピタリティを鍛えられるからです。

優れたサービスをできる人は、本当にヒトのいろんなところを見て感じて動いているのだということがよくわかります。

52 靴は5足持つ

足元を見られるという言葉があります。

本来の意味は「相手の弱みにつけこむ」ことですが、実際にみなさんの〝足元〟は相手から見られているのです。

具体的に見られているのは「**靴**」です。

靴がきれいな状態なのか、ボロボロで踵がすり減っているのかというのは意外に目につきます。

スーツやシャツはちゃんとしていても靴に気を遣っていないのはNGです。みんなが気をつけているところはスーツとシャツ。もっと細かいところに気がくばられている人と見られる部分は靴。**もし靴が汚いと、細かい部分のケアまで気が回らない人なのだなと思われる可能性が大きいです。**

たかが靴のことが、仕事にまで影響するの？　と思うかもしれませんが、靴に限らず身だしなみに余裕がない人＝仕事の詰めが甘い人、仕事のどこかに抜けがある人というふうに見られるものです。

社会人なら仕事用の靴は最低5足は持っておく。

それなら月曜日から金曜日まで毎日違う靴をローテーションで履けるので、それぞれの靴の傷み方がかなり抑えられます。

靴の状態をきちんと管理できている人は自分の健康状態も管理できることにもつながります。

映画『舞妓Haaaan!!!』の中で舞妓にあこがれる主人公がやっとの思いで一見さんお断りのお茶屋に入ったとき、下足番の人からこんなことを言われるシーンがあります。

「悪いこと言いませんから、いますぐいい病院に行きなさい」

何かと思えば、その下足番は何十年といろんな人の靴を預かってきたので、その人の靴の状態を見ただけで健康状態までわかってしまうのだというのです。もちろん、医学的な根拠はない話ですが、まったくない話だとも言えない気がしますね。

自分の身体の不調がずっと続いていて、それをごまかしながら生活していれば歩き方も普段と比べ、おかしくなるかもしれません。そうすると靴の踵の減り方もおかしくなる可能性もあるわけです。悪循環です。

逆に言えば、靴や身だしなみにきちんと気を遣える余裕があるということは身体も健康でなければできない。たかが靴や服でも社会人になれば、ただ履けばいい、着ればいいというものではないことを覚えておきましょう。

53 掃除が自分のベースを高める

若いときは、あまり掃除に積極的な関心を持たないかもしれません。私もそうでした。よく会社で、みんなで一斉に掃除をすることがありますよね。そういうのも何だか儀式っぽいなと思って、そんな時間があればメールのひとつでも処理したほうが生産的だと考えていたものです。

いまは違います。朝、家を出る前にトイレ掃除をしてフローリングモップを掛け、オフィスでも汚れが目立つところをウェットティッシュで拭いています。すると、少しずつ意識が変わってきました。**掃除をすると、それまで自分が気づいていなかったことに気づけるようになったのです。**

おまけに目に見えない埃もきれいにできるので、自分のいる環境もよくできる。自分の周りの空気が軽くなるのを感じることができます。

これが、なんとも気持ちがいいのです。その分、仕事もいい気分で取りかかることができます。掃除をしてマイナスになることはないのですから、掃除を自分の習慣の中に取り入れたほうがいいでしょう。

特に、机の周りを掃除するだけでもずいぶん違ってきます。昔から「机の上を見れば、その人の仕事の状態がわかる」と言われていましたが、机の上がひどい状態だとその人の仕事の状態もカオスになっていたりします。

机の上を掃除して整えておくことは、必要な資料が「どこにいったかわからない」というような問題発生を防ぐこともできます。

みなさんの中には「掃除」という言葉を見聞きするだけで、なんだか面倒くさく感じる人もいると思います。そんな人ほど、さっさと習慣にしてしまうことをおすすめします。嫌だな、面倒だなと思うのは「わざわざやろう」としているから。そうではなく、歯磨きと同じで「**やるのが当たり前**」にしてしまえばいいのです。

掃除が当たり前になれば、普段とは違うことが見えてきます。そうなると、また新しい課題が出てきて対処する。机はきれいになる上に、仕事がはかどる。新しい試みもできるようになる。掃除の習慣をぜひ取り入れてください。

54 思いついたらすぐに行動する

打ち合わせやちょっとした会話の中で浮かんだアイデアをアクションにつなげない、またはアクションに移すまでに時間がかかる……。よく目にする光景だと思います。しかし、これは非常にもったいないことです。**なぜなら、議論には「旬」があるからです。思いついたときが最も旬です。旬の持つパワーを最大限に活用するには「思いついたらすぐ動く」のが一番です。**

「検討中のボックスにいれておくと、そのうち熟成する」という迷言を聞いたことがあります。たしかに案件の中には、あえて動かない（時が来るのを待つ）ほうがいいこともあります。人間関係の問題はそうかもしれません。ですが、ビジネス上のアイデアは違います。かたちにしてこそ、です。思いつきを実行してみて初めてわかることが多々あります。どんどん動いたほうがいいです。ちなみに、創業社長は動きが早いです。こういう人の下で働いている人は特にこれを意識したほうがいいでしょう。

コンサル会社時代に「持ち帰って検討して参ります」というやり方がどうも性に合いませんでした。せっかく打ち合わせをしているのですから、その場で検討すべし、と思っていました。自分がプロジェクトマネージャーになってからは、持ち帰りは極力なくし、その場で議論しまとめるようにしていました。

経営者時代もそうです。プロジェクトの進捗報告会のような場で、相互に影響を及ぼすことについて、事務局が「あとで検討してください」といった仕切りをする度に、「関係者全員がその場にいるのだから、ここで議論し調整してください」と言ってきました。この根本にあるのは、時間に対する問題意識です。時間は有限、とても貴重なものです。1回で済むことを何度もやってしまうとほかのことをやる時間がなくなってしまいます。その場でやれることをやらないと、次のチャンスが訪れるまで待たないといけません。時間が惜しいです。

時間の使い方が、その人の人生をポジティブにもネガティブにもします。みんなが「自分のやりたいことのために時間を使っている」という意識になれば、世の中からネガティブなことが減るだろうと思っています。

インディゴブルーの創業メモに「**働く時間、学ぶ時間、遊ぶ時間をかけがえのないものにしたい**」と書きました。

自分は周囲に恵まれ、若い頃から（サラリーマン時代であっても）公私共に自分がしたいように時間を使うことができたと思います。

優れたリーダーがいる組織のメンバーは充実した時間を過ごすことができます。優れたリーダーはメンバーを夢中にさせ、パフォーマンス向上の原点であるエンゲージメントを高めます。さらにはリーダーの生き方そのものが後進たちのモデルになります。そんなリーダーをたくさん輩出する。これが私のインディゴブルー起業のひとつの想いです。

「もし今日が自分の人生最後の日だとしたら、今日やる予定のことを私は本当にやりたいだろうか？」有名なスティーブ・ジョブズのスタンフォード大学の卒業祝賀スピーチの言葉です。ここまでストイックに毎日を過ごしてはおりませんが、この言葉はたびたび思い出します。

自分の時間の使い方をより意識してみましょう。動きも早くなるはずです。

おわりに

名プレーヤーは名マネージャーにはなれない、という言葉が昔からあります。スポーツの世界でよく使われることなので、ご存じの方も多いと思います。

これはビジネスの世界でも当てはまります。それについては『優秀なプレーヤーは、なぜ優秀なマネージャーになれないのか?』（クロスメディア・パブリッシング）という本の中でも詳しく書きましたが、これからのリーダーに求められる資質・態度は、チームのメンバーも含めた周囲に対する気くばりです。

何もこの気くばりは時代が変わったから必要になったというものではありません。

むしろ日本人の性格として気くばりは、いままでにも何気におこなわれてきたことなのです。あなたも人から気くばりをされていたかもしれません。ただそれに気づかなかっただけかもしれません。自然で心地よい雰囲気、温かい人間関係は、この気くばりによってもたらされていたのです。

私は、あえてこの気くばりを、ビジネスの世界だけでなく家庭でもそして友人関係でもおこなうことをおすすめします。気くばりを、相手のご機嫌をとること、お世辞を使って持ち上げることと勘違いしている人もいます。中には部下や目下の人間に媚びを売ってどうするみたいに思う方もいると思いますが、その考え方は、本書を読んだあとには捨ててください。

気くばりはひとりの人間として、組織の人間として必要不可欠な、いわばスキルでもあります。この他者への気くばりは、結果的に自分に返ってきます。それは私が経験済みですし、本書でもその事例を多くお話ししました。それも見返りを求めない気くばりを、です。これは意識して実行していくうちに、自然とできるようになります。その結果として自分のおかれている環境の変化、そしてなにより成長した自分に気づくことでしょう。

気がつけば、「この人と一緒に仕事をしたい」とメンバーや周囲の人からそう思われているに違いありません。

人生何が起きるかわかりません。何年後の自分はどうなっているか、目標を立ててそれに向かって進める人もいれば、そうでない人もいます。ならば、いますぐにでもやれることをやりましょう。それも本気で。

最後までお付き合いいただきありがとうございました。本書がひとりでも多くの人の背中を押す役割を担えることを願って止みません。

２０２３年　10月　柴田励司

［著者略歴］
柴田励司（しばた・れいじ）
株式会社IndigoBlue代表取締役
上智大学文学部英文学科卒業後、京王プラザホテルに入社。同社在籍中に、在オランダ大使館に出向。その後、京王プラザホテルに戻り、人事改革に取り組む。1995年、マーサージャパンに入社。同社取締役を経て、2000年に38歳で日本法人代表取締役社長に就任。2007年に同社社長職を退き、キャッドセンター代表取締役社長に就任し、経営破綻していた同社を1年半でV字回復・黒字に転換。その後、カルチュア・コンビニエンス・クラブ代表取締役COO、パス株式会社CEOを歴任、現在に至る。

リーダーの気《き》くばり

2023年11月1日　初版発行

著　者　柴田励司

発行者　小早川幸一郎

発　行　株式会社クロスメディア・パブリッシング
〒151-0051 東京都渋谷区千駄ヶ谷4-20-3 東栄神宮外苑ビル
https://www.cm-publishing.co.jp
◎本の内容に関するお問い合わせ先：TEL（03）5413-3140／FAX（03）5413-3141

発　売　株式会社インプレス
〒101-0051 東京都千代田区神田神保町一丁目105番地
◎乱丁本・落丁本などのお問い合わせ先：FAX（03）6837-5023
service@impress.co.jp
※古書店で購入されたものについてはお取り替えできません

印刷・製本　中央精版印刷株式会社

　ISBN978-4-295-40889-5　C2034